여름, 알래스카

김창수의 세계 기행 포토 에세이

여름, 알래스카
Alaska

사진·글 | 김창수

조율

김창수

대구대학교 사범대학 과학교육학부 명예교수
공방《문학과 사진》대표

월간〈한국수필〉수필 부문, 월간〈문학세계〉시 부문 등단

한국사진작가협회 촬영지도위원
한국문인협회 회원
한국수필가협회 회원

허균문학상 본상(수필), 허난설헌문학상 금상(시), 문학세계 문학상 본상 외 다수
대한화학회 학술진보상
황조근정훈장

시집　　『길손의 노래』,『들풀의 노래』,『그리움이 버들가지에 꽃을 피우고』
수필집　『힐링 갠지스』,『낯선 도시의 커피향』,『잡초인생』,『잡초인생 2』,
　　　　『얼간이 생각』,『삶과 변화의 고리』
저서　　『교육매체로서의 사진』,『디지털시대 사진 읽기』,『흔적』,『주산지』외 다수
사진전시회〈산〉,〈호반의 정취〉외 그룹전

김창수의 세계 기행 포토 에세이
여름, 알래스카

제1판 제1쇄 발행　2013년 7월 27일

지은이　　김창수
펴낸이　　허재식
펴낸곳　　도서출판 조율

주소　　[413-756] 경기도 파주시 문발동 출판문화정보산업단지 516-2번지(광인사길 68) 3층
전화　　031-955-7695
전송　　031-955-7696
전자우편　joyul@joyulbook.com
홈페이지　www.joyulbook.com
출판신고　제406-2009-000053호(2009년 7월 27일)

ⓒ김창수, 2013
ISBN　978-89-97169-07-8 (03940)

값은 뒤표지에 있습니다.
저자와 협의하여 인지는 생략합니다.

이 도서의 국립중앙도서관 출판시도서목록(CIP)은 서지정보유통지원시스템 홈페이지
(http://seoji.nl.go.kr)와 국가자료공동목록시스템(http://www.nl.go.kr/kolisnet)에서
이용하실 수 있습니다.(CIP제어번호: CIP2013011466)

들어가는 말

　알래스카는 전체가 하나의 공원이다. 계절에 따라 모습을 바꾸어가면서 살아 숨 쉬는 자연의 보고이기도 하다.

　도도히 흐르는 강물, 산 위에서 붙박이가 된 빙하, 여름이 되면 빙하의 샘에서 흘러내리는 물줄기, 이곳을 자기 보금자리 삼아 들랑거리는 야생동물들, 이 모두가 알래스카 만이 가지고 있는 원시성 자연에서 볼 수 있는 풍경이다.

　여기에 시도 때도 없이 내리는 비에 빙하가 허물어져가는 것을 막기라도 하려는듯 곳곳에 볼품없이 나뒹굴고 있는 돌멩이들, 그 사이를 넘나들며 살아가는 곰·무스·산양들, 이 모든 것들은 알래스카라는 평온한 자연에 역동의 포인트를 주는 하나의 소품들이다. 이 소품들이 있고 싶은 그 자리에 놓여 있을 때 모든 것이 조화를 이루어 아름답게 보이는 것이다.

자연과 더불어 사는 생명체들은 사람들이 시도 때도 없이 방문하는 것을 탐탁하지 않아 한다. 그래 이런 자연의 바람을 조금이라도 덜 침해하려는 의도로 국립공원이라는 이름으로 자연 그대로 놓아두는 배려를 하고 있는 것이다.

그렇게 해 주지 않는다면 낮을 밤 삼아, 밤을 낮 삼아, 먹이사냥을 하는 생명체들에게 방해를 주게 된다. 또한 그들만이 오붓한 시간을 가지며 쉼이나 사랑을 속삭이는 시간을 빼앗을 게 분명하다.

산과 바다 곳곳에는 빙하가 널려 있다. 빙하는 바다사자의 것이기도 하고 새의 휴식 공간이기도 하다. 그래 바다 위를 정처 없이 떠노니는 빙하라 할지라도 있는 그 자리에 그 형태대로 있게 놓아두어야 한다.

야생동물들은 사람들이 놀러왔는가 보다 하는 마음으로 사람이 공원 안에 들어 온 것을 개의치 않고 자기들끼리 서로 살을 맞대며 뒹굴고 있는 모습이 곳곳에 보인다. 이게 자연이구나 하는 생각을 들게 한다.

알래스카 공원의 안내원은 야생동물을 자극하지 않으면서 자연을 즐기는 법을 가르쳐준다. 날지 못하는 어린 새 곁에 가서는 놓여 있는 그대로 두고 보는 법도 알려준다. 새들이 어미 곁에 떨어져 있는 것도 두려운데 여기에 낯선 사람이 들여다보고 있으면 새끼들은 쩍쩍거리며 털도 나지 않은 날갯죽지를 저어가며 불안하다며 안절부절 못해 한다. 어미 또한 새끼들이 해코지나 당하지 않을까 정신없이 왔다 갔다 하면서 슬피 울어대기도 한다.

알래스카 문화는 대부분 인디언과 러시아인이 고기잡이로 살아가는 모습, 금광이 발견되면서부터 금을 찾아 사람이 모여드는 모습, 세계 제2차대전 때는 군사기지의 요충지로서 역할을 해낸 흔적 정도가 주류인 듯했다.

그러다가 유전이 발견되면서부터 800마일에 이르는 파이프라인이 등장한다. 생각지도 않게 돈방석에 앉게 된 알래스카.

자연 그대로인 알래스카, 그게 무엇인가를 보러 오고 싶게 하는 알래스카!

알래스카는 문명 없는 자연 그 자체만으로도 돈이 된다는 것을 가르쳐 주고 있다.

그런 알래스카가 참으로 순수해 보인다. 그리고 너그러워 보인다. 이런 자연의 심성이 있어 이곳에 사는 사람의 마음이 맑고 투명한 건 아닌가.

그간 금과옥조로 마음에 쌓아두었던 인생 콘텐츠 대부분을 이런 알래스카에 미련 없이 맡겨두고 가벼운 마음으로 여행을 마치고 돌아왔다.

이젠 단순한 마음으로 살아가려 한다. 누가 뭐라고 해도.

2012. 12
치산골에서
김창수

들어가는 말 / 5
여행 계획 / 12

D+1　자유여행을 하고 싶은 이유? / 20
　　　앵커리지에 도착하자마자 / 26
　　　알래스카의 향기 / 36

D+2　수채화를 그리는 휘티어 / 42
　　　데날리 국립공원 가는 길 / 54

D+3　툰드라가 있는 데날리 국립공원 / 64
　　　매킨리를 품은 데날리 / 78

D+4　야외 박물관, 타틀아니카 휴게소 / 88
　　　네나나 시 / 96
　　　커피 한잔의 명상 / 104

D+5　금광의 도시, 페어뱅크스 / 110
　　　에스키모의 숨결이 느껴지는 페어뱅크스 캠퍼스 / 116
　　　모래에서 금을 찾다 / 126
　　　산타클로스의 고장, 노스 폴 / 136

D+6　동서남북의 갈래길, 글렌낼런 / 142
　　　RV / 150
　　　랭겔-세인트일라이어스 국립공원 문턱에서 발길을 돌리다 / 158
　　　워싱턴 빙하 가는 길목에서 / 168
　　　오무라들어가는 빙하, 워싱턴 / 176
　　　빙하에서 마음을 씻다 / 184

D+7   파이프라인의 종점, 밸디즈 / 190

D+8   바닷고기의 보고, 프린스 윌리엄 사운드 / 202

          프린스 윌리엄 사운드의 어선들 / 214

          미어리스 빙하 / 222

D+9   다시 돌아온 글렌낼런 갈래길 / 232

D+10   빙하의 진수, 마타누스카 / 240

D+11   설치미술의 장, 수어드 항구 / 256

D+12   자연의 거울, 턴 호수 / 270

          러시아 리버를 따라 케나이로 가다 / 274

          알래스카 역사가 살아 숨쉬는 올드 케나이 / 280

D+13   알래스카의 유원지, 호머 / 290

          핼리벗의 수도, 호머 / 304

          포티지 밸리 / 312

          포티지 밸리에서 추가치 국유림을 따라 / 316

D+14   앵커리지 / 324

D+15   렌터카를 반납하고 / 340

글을 마치며 / 343

안전한 여행을 위해 / 346

●여행 경로●

● 일러두기 ●--✈

1. 이 책에 보이는 지도는 필자가 알래스카를 여행하며 현지에서 수집한 안내자료에 있는 것으로 독자에게 생생한 도움이 되길 바라며 실었다.

2. 이 책에 사용한 거리, 넓이, 무게 등 단위 표기는 현지 표기대로 적었다. 단위간 환산 값은 다음과 같다.

   1피트(ft) 30.48cm
   1인치(in) 2.54cm
   1마일(mile) 1,609.34m
   1에이커(ac) 4,046.86m²
   1파운드(lb) 453.59g
   1온스(oz) 28.35g

여행 계획

손때 묻지 않은 자연의 처녀지 알래스카에 가서 며칠 쉬노라면 그간 살아오면서 몸과 마음에 쌓인 찌꺼기가 깨끗이 씻어질 것 같았다.

그런데 알래스카 여행 경비가 만만찮았다. 대개는 시애틀이나 밴쿠버에서 크루즈 여행을 하는 것으로 되어 있다. 망망대해를 미끄러지듯 움직여가다가 해안선 구석구석을 드나들면서 바다를 향해 서 있는 나무와 집들을 보는 재미도 쏠쏠해 보일 듯했다.

아니면 비행기를 타고 앵커리지에 무작정 내려 사람들마저 살지 않는 알래스카의 어딘가를 들쑤시며 돌아다닌다는 기분으로 여행하는 것은 어떨까, 사람 사는 모습을 보아가면서, 하는 생각도 해 보았다.

직장을 그만두고는 그간 짊어지고 살았던 갈등의 짐을 내려놓기로 했는데 내 자신도 모르게 알래스카라는 낯선 세계에 대한 향수에 빠지고부터는 그만 새로운 고민의 짐을 지게 되었다.

막상 여행 계획을 세우려니 여행 안내서에 나와 있는 것만으로는 무엇을 보아야 할지와 그곳까지 접근하는 방법을 알 수가 없었다. 알래스카 면적만도 한반도의 7배가 넘는 159만 3400제곱킬로미터인데 인구는 고작 72만 명 정도로, 그것도 도시 지역에 집중해 살고 있다.

하는 수 없이 그곳도 사람 사는 곳인데 설마 그들 사이에 끼어서 한 이십일 정도 못 견디겠는가 하는 생각에서 무작정 알래스카로 떠나보기로 했다.

패키지 여행은 편하고 이동이나 숙박 같은 고민거리를 여행사에서 알아서 해결해 주어서 편하다. 그렇지만 현지인과 대화해가면서 그들의 생각은 어떠한지, 어떤 문화를 가지고 살아가는지 하는 궁금증을 풀어가며 여행하고 싶었다.

그러면 어떤 방법으로 여행을 하는 것이 좋을까. 승용차로, 아니면 크루즈로, 비행기로, 세 가지 방법을 놓고 한 동안 망설였다.

크루즈 여행은 해안선을 따라 관광지를 들여다보아가며 여행을 하는 것이었다. 크루즈가 들릴 만한 곳을 골라 적어 나갔다. 대개 두 가지 코스가 가능했다. 밴쿠버에서 출발해 프린스 윌리엄 사운드를 거쳐 밴쿠버로 다시 돌아오는 것이다.

> 밴쿠버(1) → 알래스카 인사이드 파시지(1) → 케치캔(1) → 주노(1) →
> 글레이셔 만 국립공원·보호구(1) →
> 휘티어/수어드(1) → 프린스 윌리엄 사운드 → 밴쿠버

다른 코스 역시 크루즈를 타고 알래스카 인사이드 파시지만을 관광하는 코스를 들 수 있다.

> 케치캔(1) → 케치캔/시트카(1) → 시트카(1) → 시트카/주노(1) → 주노/헤인즈(1) → 헤인즈/스캐그웨이/주노(1) → 케치캔

크루즈 여행을 한다면 알래스카 여행의 백미라 할 수 있는 프린스 윌리엄 사운드를 거치는 첫 번째 코스를 선택하기로 마음먹었다. 두 번째 경로는 알래스카 남부 해안만을 둘러보고 돌아오는 코스로 여행할 곳이 너무 한정이 되어 있는 데다 특색이 있는 해안 빙하를 볼 수 없는 것에 마음이 썩 내키지 않았다.

큰 배 안에는 많은 오락시설이 있어 지루하지 않게 여행을 할 수 있다지만 알래스카 여행하면 누가 뭐라 해도 자연과 함께 호흡하는 것이라 할 수 있다. 그런데 크루즈에 갇혀서 투어를 한다는 것이 그리 좋아 보이지 않았다.

도시의 골목에도 한번 기웃거려보기도 하고 시골길의 비포장도로를 산책하면서 사색도 하고 자연과 대화하고도 싶었다.

이런 생각을 담아 지도를 들여다보면서 좀 어설퍼 보이지만 나름대로의 코스대로 드라이브를 하면서 추억을 쌓고 싶었다. 그러면서 지금 인간 본성에서 많이 벗어나 삐거덕거리며 운행하고 있는 나 자신의 마음을 나 자신의 궤도에 다시 올려놓고 싶었다.

이렇게 만들어진 코스의 큰 틀은 밴쿠버에서 비행기를 타고 앵커리지로 가서 앵커리지에서는 렌터카로 드라이브하면서 관광하고 비행기로 다시 밴쿠버로 돌아오는 것이다.

> 밴쿠버(1) → 휘티어(1) → 데날리 국립공원(2) → 네나나 → 페어뱅크스(2) → 노스 폴 → 델타 갈림길 → 팩슨 → 글렌낼런(1) → 카퍼 센터 → 밸디즈(2) → 글렌낼런(1) → 마타누스카 빙하 → 팔머 → 앵커리지(1) → 수어드(2) → 케나이 → 호머(2) → 앵커리지(2) → 밴쿠버(1)

그러면 이번 관광에서 무엇에 관심을 두고 투어를 해야 좋을까. 앵커리지나 페어뱅크스 같은 도시에서는 먼저 아트 갤러리에 들러 그들의 생활을 밑바탕으로 해서 발전해 온 예술작품을 보는 것과 역사 거리 산책, 외벽예술, 토속문화, 지역예술, 생음악 등 문화를 접해 보는 것이다.

알래스카에는 빙하가 만든 강과 호수가 많다. 그래 낚싯대를 물에 담그고 담소를 나누어가며 낚시를 즐길 수 있다.

낚시에 취미가 없는 사람은 카약, 하이킹, 경치 감상하기, 바다 야생 생물 관찰하기, 스키 타기, 산이나 해안선 빙하 관찰하기, 가족과는 해안가 부둣가 호숫가를 산책하거나 자전거 타기, 해안에서 연어나 핼리벗 낚시하기와 요리하기, 사진 찍기, 아늑한 벽난로가 있는 방에서 담소를 나누며 편안하게 여유를 즐길 수도 있다.

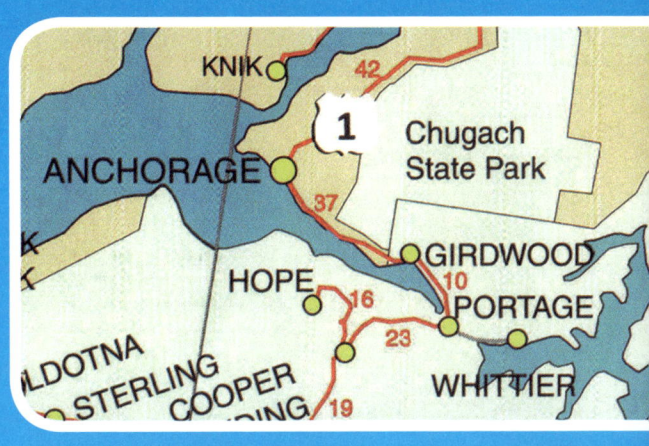

자유여행을 하고 싶은 이유?

자유여행을 꺼리는 이유는 언어의 장벽에다 여행지에서 여행지로 이동하는 것이 여의치 않기 때문이다. 그 다음 문제는 어느 여행지에 가야 흥밋거리가 있는지, 그 여행지가 가지고 있는 의미는 무엇인지이다.

패키지 여행은 이런 문제에 대한 걱정을 어느 정도 끌어안아 주어가면서 여행지에 대한 설명까지 곁들여 주는 편리함도 있다. 그러나 패키지 여행은 자기 의지에 따라 현지에서 느낄 수 있는 색다른 현상들과 호흡하면서 여행을 하는 것이라기보다는 먹어 주는 대로 먹어야 하는 여행이 되기가 쉽다. 그렇게 피상적으로 움직이다 보면 여행에 대한 흥미를 쉽게 잃어 투어 내내 지루한 느낌을 가지게 된다. 어떤 사람은 옵션이니 쇼핑이니 하며 사람을 피곤하게 만드는 가이드 때문에 비싼 경비에 비해 소득이 적다며 내내 투덜대기도 한다.

그러나 자유여행은 모든 과정을 자기 주도적으로 해결해 나가는 과정에서 현지의 낯선 사람을 만나게 되고 그런 와중에 그들의 문화를 보고 익히게 된다. 젊은이들은 이런 모험에 가까운 여행에서 얻어지는 체험의 결과를 중요시한다. 그리고 그때그때 미지세계로 한 발짝씩 들여놓는 스릴을 맛보고 싶어 한다. 사람 사는 곳이라면 나도 살 수 있지, 좀 낯설다고 힘들다고 그것 하나 극복 하지 못한다면 이 험난한 세상을 어떻게 버티고 살아, 하고 스스로에게 용기를 불어넣기도 한다.

  자유여행은 국제 사회에서 자신의 존재감을 키워나가기도 하고 자신의 능력도 이 정도는 해결해 나갈 수 있다는 자신감, 나의 생각도 그들과 다르지 않다는 자기 판단의 객관성을 찾아가게 된다. 보고 듣고 말하고 체험하면서, 그리고 이런 내용을 자기가 가지고 있는 지식과 결합시켜 자신의 생활에 직접 활용할 수도 있다.

  "아끼는 자식일수록 여행을 많이 시켜라."
라는 말이 있다. 같은 상황에서라도 사람에 따라 느껴지는 의미가 다르고 받아들여지는 내용이 다르게 된다. 그렇지만 여행에서 얻어진 지식의 최대공약수를 찾아나가다 보면 세상의 이치를 깨달으면서 나름대로 글로벌 기준의 삶을 누릴 수 있게 된다.

  버스로 기차로 자유여행을 하면 지나가면서 낯선 풍경의 이미지에 젖어가며 이동할 수 있다. 어두울 때는 토담집에 살던 고향 풍경에 이국 풍경을 오버랩해서 새로운 세계를 만들어내 보기도 한다. 이 이미지의 매력이 훼손되지 않도록 애기 다루듯이 조심스레 우리 집을 옮겨 놓고 새로운 이상의 세계도 그려본다. 소년소녀만이 그려 낼 수 있는 젊은 꿈을 그게 어디든 뿌리를 내리고 알뜰살뜰히 가꾸어가는 그런 정원도 만들어 본다.

이런 이상의 꿈을 설계하고 가꾸어 보려고 자유여행을 하고픈 것이다.

자유여행은 낯선 청춘남녀가 만나서 앞이 캄캄한 미래를 함께 열어가던 때를 생각하게도 한다. 쌀 한 종지를 일어 누런 냄비에 넣고 연탄불에 올려놓으면서 꾸던 소박한 꿈, 나도 언젠가는 새 가정을 만들어서 밥 먹고 살만큼만 돈을 모아 단란하게 살아보고 싶었던 꿈.

그 꿈을 이루기 위해 어둠을 낮 삼아 일하던 그 시·공간은 지금 어디로 갔을까.

서로의 꿈을 이루기 위해 눈 뜨자마자 헤어져야 하고 어두컴컴하면 다시 만나서 밥 먹고 또 헤어져야 했던 하숙생, 그걸 지금이라도 졸업하고 싶다. 이젠 부부 둘 만의 사랑과 정이 밤낮이 밝히는 그런 시간을 가지고 싶다. 그래 대형 버스보다도 소형 승용차에서 서로의 숨소리를 들으며, 같은 공기를 마셔가며 지낼 수 있는 유일한 시간과 공간을 가지는 그런 자유여행이고 싶다.

이젠 뒤섞여 사는 그런 삶보다는 혼자 사색하고 혼자 웃고 혼자 슬퍼하고 혼자 울고 싶은 그런 시간을 갖고 싶다. 이런 것을 우리 부부가 같이 하고 싶은 것이다.

그래서 돈이 조금 더 들더라도 운전하는데 신경이 좀 더 쓰이더라도 어떤 계획이나 예약 없이 발길 닿는대로 현지 사람들에게 물어물어 떠나는 자유여행을 하고 싶은 것이다. 가이드의 말에 구속되지 않고 자유분방하게 보고 듣고 내 마음대로 생각하고픈 것이다. 여행에 와서까지 이것저것에 구속되고 눈치 보며 사는 것은 이젠 하고 싶지 않다.

그간 흩어져 살던 공간을 하나로 모아 함께 할 수 있는 우리 부부만의 공간을 만들어 즐기며 살고 싶다.
이번 알래스카 자유여행을 시작으로.

앵커리지에 도착하자마자

　자유여행을 하려면 어떻게 이동할 것인가를 결정해야 한다. 이동수단으로는 버스, 배, 기차, 렌터카가 있다. 대개의 관광객은 렌터카를 이용해 관광을 한다. 관광지에 따라서는 렌터카로 여행할 수 없는 곳을 만나게 된다. 이런 곳은 버스, 배, 비행기를 이용해 투어를 할 수밖에 없다. 이런 정보는 호텔이나 관광안내소에서 얻을 수 있다.
　기차여행도 해보면 재미가 있다. 큰 나라의 경우 열차 운행시간이 길어 정해진 시간보다 한 두 시간 늦게 도착하는 경우가 흔히 있지만 이런 일을 갖고 불평하는 사람은 없다. 운행시간이 기껏해야 대여섯 시간 정도라면 정해진 시간을 지켜낼 수가 있지만 며칠씩 달리는 장거리 열차의 경우는 지체한 시간이 누적되어 그 시간이 몇 시간이 될 수도 있다. 이런 게 단점이기는 하지만 어쨌든 밤에 잠을 자며 이동도 하고 여관비까지 아낄 수 있어 야간열차를 이용해 여행하는 사람이 제법 많다. 야간열차 여행을 한다면 사전에 예약을 해두는 것이 좋다.
　대중교통은 자가운전에서 오는 사고위험이나 피로감이 적어 좋은

점이 있기는 하지만 목적지까지 가는 도중에 다른 사람에게는 소소하게 보이는, 그렇지만 나에게는 흥미가 있는, 그런 관광지를 빼먹고 지나쳐야하는 단점이 있다.

투어는 이름난 곳을 보는 것이기도 하지만 오며 가며 보고 느끼는 과정도 무엇보다 중요하다. 그런 면에서 직접 운전을 해가며 여행하는 것도 좋을 듯하다.

차를 빌리려 공항 안에 있는 렌터카 회사를 찾아갔다. 기다리는 사람이 없어 바로 차를 빌리는 수속을 밟았다. 여권과 면허증을 요구해 국제면허증을 보여 주었다. 두꺼운 책자를 꺼내 한국의 면허증 모양을 보더니 도로 내어주면서,

"한국 자동차운전 면허증 있습니까?"

그러고는 운전면허증을 받아 책에 나온 한국의 운전면허증과 한참을 비교했다.

"국제면허증에 모든 정보가 있지 않습니까?"

물어보았다. 국제운전면허증이 한국의 운전면허증과 다르다면서 면허증에 영어로 "운전면허증"이 표시되어 있는 면허증의 사진과 여권 사진을 비교해 보고 생년월일이 일치하는지까지를 확인하고 나서야 운전자 본인 확인을 마쳤다.

국제면허증은 자기들이 수집한 세계 각국의 운전면허증 양식에 없다고 했다. 이 면허증은 혹시 여행자가 임의로 만든 것이 아닌가 하고 일단은 의심했다. 도로를 달릴 때는 국제면허증이 필요할지는 몰

라도 차를 빌릴 때만은 한국 운전면허증을 더 신뢰했다. 신분확인이 끝나고 나서야 차를 빌릴 수 있었다.

  그 다음에 보험가입을 해야 한다. 보험료는 차를 렌트하는 비용만큼 든다. 차가 손상되었을 때, 그리고 여행 중에 멈추어 섰을 때 등등의 경우를 대비해 보험을 들게 된다. 모든 경우에 대비해 보험을 들면 보험료가 무척 비싸진다. 그래도 낯선 나라의 도로를 달려야 하니 가

능성이 있는 돌발 사고에 대한 보험을 다 들었다.

　보험은 일상생활을 하면서 부부 간에라도 서로 돕고 사는 보험을 젊었을 때부터 들어 놓아야 한다. 아내에게도 들어놓고 자식에도 들어 놓아야 한다. "…… 있을 때 잘해 후회하지 말고, 있을 때 잘해 흔들리지 말고……"라는 노래 가사 말마따나 나중에 힘들 때 그때 잘할 걸 후회하지 말고.

한국에서 예약할 때는 조그만 승용차이기 때문에 렌터카 비가 얼마 안 되는 줄 알았는데 막상 도착해서 보니 소형 렌터카가 없었다. 왜냐고 물어보니 눈비가 자주 와서 안전을 위해 중형차 이상의 차로만 운영할 수밖에 없다고 했다.

그렇게 렌터카를 빌려 타고는 앵커리지 국제공항을 떠났다. 비가 부슬부슬 내렸다. 민들레꽃이 눈송이 날리듯 사뿐거리며 차창에 부딪치곤 했다. 처음에는 눈인 줄 착각했다. 차창의 물방울은 눈송이가 만든 줄 알았다. 도로 주위에 빙하 산이 하얗게 보이는 데다가 하늘은 거무스레한 것이 영락없이 눈이 내리는 듯했다.

공항에서 탁 트인 도로를 따라 차를 달렸다. 도시의 변두리 도로를 돌아 10여 킬로미터를 달리면서 도로 아래로 앵커리지 시내를 내려다보았다. 변두리라 그런지 집은 나지막하고 지붕은 모두가 우중충했다. 변두리에는 각국의 자동차들 판매상 간판이 높다랗게 서 있었고 그 아래에는 멀리서 봐도 번쩍거리는 차들이 즐비하게 늘어서 주인을 기다리고 있었다.

아직까지 동서남북도 잘 모르고 도로 상태에도 익숙하지 않았다. 어쩐지 관광지로 가는데 다니는 차량이 뜸하고 도로가에서 동네로 들어가는 이정표가 너무 자주 나타나는 것이 끝이 보이지 않게 곧게 뻗은 도로지만 하이웨이 같아 보이지 않았다. 한 마을 길로 빠져나와 한 시골동네에 들렀다. 마침 한 아가씨가 화단에 꽃을 심고 있었다. 7월 초순이 지났는데도 알래스카에는 나뭇잎 색깔이 아직 연둣빛을 띠고 있었다. 그래 지금 꽃모종을 옮겨 심는 것도 늦지 않을 거라는 생각이 들었다. 이곳에 올 때는 나무도 없고 난쟁이 풀만이 대지를 뒤덮고 있을 거라고 생각했는데 집들은 나무들에 둘러싸여 더욱 포근하게 느껴졌다. 우리의 한 산골마을의 산채와 같은 그런 인상, 적막하면서도 다정다감해 보이는 그런 정취를 느끼게 하는 마을이었다. 화단에는 나무 부스러기를 두껍게 깔아 놓았다. 흙은 나무 부스러기가 물들여 놓아서인지 시커먼 데다 푹신거리기까지 했다. 잔디밭과 경계를 지우기 위해서 통나무를 화단 둘레에 놓아두었다. 그러고는 꽃삽으로 떠서 꽃모종을 옮겨 심었다. 이곳 주위 전체가 소박하게 보이는 보통 사람이 사는 집이었다. 조그마한 정원에는 많지는 않지만 앉은뱅이 꽃들이 향을 피우고 있었다. 온실에서 갓 옮겨온 꽃들

이어서 비바람에도, 동양의 한 사람이 응시하는 것에도, 낯설다는 듯 수줍어 꽃잎을 움츠리고 있었다.

  아가씨는 공항을 벗어나서 처음 만난 사람이었다. 길거리에는 사람을 만나기가 어려웠는데 다행히 비를 맞아가며 화단 일을 하는 아가씨를 만난 것이다. 얼굴은 순박하고 옷차림은 그냥 시골에 살면서 입는, 디자인에 얽매이지 않은 편안한 차림이었다. 모습이 자연과 잘 어우러지는 순수 그대로였다. 아! 여기 사람의 마음은 맑은가 보다, 그리고 꾸밈없이 자연 속 일원으로서의 인간 삶을 사는가보다 하는 생각이 언뜻 들었다.

이 아가씨가 알려준 대로 수어드Seward 하이웨이를 타고 포티지Portage와 휘티어Whittier를 향해 갔다. 처음에는 뉴 수어드 하이웨이와 올드 수어드 하이웨이 이정표가 있어 조금은 헷갈렸다. 그렇지만 이내

"아니다, 뉴 수어드 하이웨이로 가는 게 맞겠지."

아내에게 말하고는 뉴 수어드 하이웨이에 차를 올렸다.

아무래도 뉴는 올드 보다 무언가 개선되었다는 뜻 아니겠는가 하는 막연한 생각에 그랬던 것이다. 그리고 도로에 익숙해질 때까지, 그리고 낯선 분위기에 마음의 장단이 함께 어우러질 때까지 차창에서 하늘거리는 민들레꽃을 보면서 윈도우 브러시의 속도를 높여 가며 천천히 달렸다.

하이웨이 옆에는 바다가 있고 빙하로 덮인 산이 있었다. 이들 바다와 산은 우리 부부가 낯설어할까 봐 가는 길을 감싸 안아주었다.

바람소리가 들리지 않는 날인데도 우중충한 분위기 때문인지 몸이 움츠러들었다. 세찬 파도라도 밀어닥치면 금방이라도 떠내려갈 산 언저리 난간에 아슬아슬하게 걸쳐 있는 철길, 넓게 이어진 파도의 흔적을 토해낸 갯벌이 시야에 들어오기 시작했다.

알래스카의 향기

알래스카는 미국의 주州 가운데 가장 넓다. 그리고 높은 산이 많고 제일 큰 국립공원이 있다.

알래스카의 면적은 하와이와 알래스카를 제외한 나머지 48개 주Lower 48 크기의 6분의 1에 해당하고 해안선은 3만 마일로 나머지 모든 주의 해안선을 합한 것보다 길다.

알래스카를 처음 찾는 관광객이 제일 먼저 보는 것은 앞뒤에 널려 있는 높은 산들이다. 그도 그럴 것이 알래스카에는 39개의 산맥이 있다. 앵커리지 주위에서 볼 수 있는 산맥만 해도 추가치Chugach, 알래스카, 케나이Kenai, 탈키트나Talkeetna, 알류샨Aleutian과 토로드릴로Tordrillo 산맥이 있다.

청명한 날에는 앵커리지 부근의 어스퀘이크Earthquake 공원과 해안 트레일 코스에서도 매킨리 산을 볼 수 있다.

알래스카에서 매킨리 산과 랭겔-세인트일라이어스 국립공원에 있는 9개 산은 높은 산군에 속한다. 이 중 세인트일라이어스 산은 1만 800피트로 알래스카에서 두 번째로 큰 산으로 자연의 신비를 고스

란히 간직하고 있다.

알래스카에는 약 십만 개의 빙하가 있는데 이들 중 600개 이상은 이름이 붙여져 있다. 이 중 말라스피나Malaspina 빙하는 로드아일랜드 면적보다도 크고 나베스나Nabesna 빙하는 75마일에 걸쳐 있다. 이 두 빙하는 모두가 랭겔-세인트일라이어스 국립공원에 있다.

알류샨 호에는 80개의 화산이 있다. 이들 중 40개는 지금도 활동 중에 있다. 앵커리지 부근에 있는 화산으로는 오거스틴Augustine, 리다우트Redoubt, 스푸르Spurr, 일리암나Iliamna가 있는데 2009년에는 앵커리지에서 100마일 남서쪽에 있는 리다우트 화산이 폭발해 그 주변이 온통 화산재로 뒤덮였던 적도 있다. 리다우트는 지금도 계속 굉음을 내고 있으며 가을에는 비분화 상태로 되돌아가기도 한다. 리다우트는 유사한 주기(1989, 1991년)로 활동하고 있다. 스푸르 산은 앵커리지에서 서쪽으로 80마일 정도 떨어져 있는데 용암이 분출(1992년)하여 화산재가 앵커리지 시내를 덮기도 했다.

노바루타Novarupta도 화산이 폭발(1992년)했는데 그 위력이 북아메리카에서는 가장 컸던 것으로 기록되었다. 이때 1만 개 정도의 밸리가 생겨나기도 했다.

알래스카는 17곳이 국립공원 형태로 되어 있다. 이 면적은 알래스카 주의 13%에 해당하는 5400만 에이커 이상이 된다. 랭

겔-세인트일라이어스는 1320만 에이커가 넘는 가장 큰 국립공원이다. 이 공원은 옐로우스톤 국립공원의 6배에 해당하는 면적이다.

알래스카에는 9.2도(1964년)의 지진이 일어난 적이 있었다. 이 지진은 북아메리카에서 일어난 지진 중에서 강도가 가장 컸다. 이런 것만 보아도 알래스카는 다른 어떤 주보다도 지진 발생 확률이 높고 지진의 강도도 클 것으로 보인다.

다른 흥밋거리가 있는 기록은 알래스카 지역에서 잡은 물고기의 크기에 대한 기록이다. 앤더슨^{Anderson}이 케나이 강에서 잡은 킹 연어(1985년)를 들 수 있는데 무게가 97파운드 4온스나 된다. 그 다음에 우날래스카^{Unalaska} 만에서 잡은 핼리벗^{halibut(1996년)}으로 그 무게가 459파운드에 이른다.

D+2

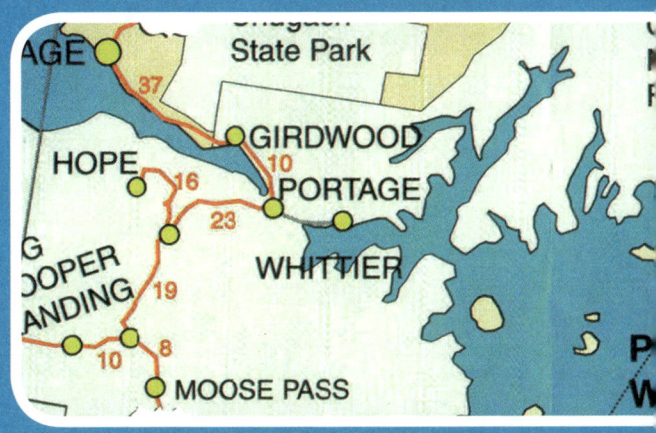

수채화를 그리는 휘티어

앵커리지에서 휘티어를 향해 남쪽으로 달리다보면 오른쪽에 해안선이 연이어 펼쳐진다. 이 해안선에는 승용차로 한 시간 정도를 달려도 배 한 척 보이지 않는다. 혹시 태고의 신비를 간직한 바다가 아닌가. 그게 착각인가. 어째 느낌이 천방지축이다. 어떤 느낌이 옳은 건가 종잡을 수가 없다.

수어드 하이웨이에는 많은 RV$^{recreational\ Vehicle}$들이 양방향으로 달리고 있다. 하이웨이에 펼쳐지는 이런 색다른 영상은 옐로우스톤은 물론 아치스, 그랜드 캐니언, 캐니언 랜드 국립공원에서도 보지 못했던 진풍경이다. 평일 하이웨이는 관광객이 점령이라도 한 듯하다.

앵커리지에 도착한 때에 간간이 보이던 빗방울이 포티지 밸리에서는 바람과 함께 큰비가 되어 내렸다. 조금 남쪽으로 향하니 산이 있다가도 없어지고 그러다 다시 나타나곤 했다. 바다도 구름에 휩싸였다. 비가 내리는 데다 산의 빙하로 7월인데도 아래위 치아가 더덜거렸다. 무엇을 구경하겠다는 마음 자체가 한풀씩 꺾여 갔다. 경치를 보아야 한다는 사명감에 우산을 쓰고 이 방향 저 방향을 어슬렁대보지만 보이는 것이라고는 두텁게 쌓인 구름뿐이었다.

휘티어로 들어가기 전 포티지 밸리를 거쳐야 했다. 이곳에는 큰 바위와 잘게 부서진 바위조각들이 계곡 아래로 흘러내려와 빙하 부근에 멈춰서 있었다. 여기 빙하에 퇴적된 빙퇴석(moraine) 끝자리에 관광안내소(1890-1914년)가 세워져 있었다.

비를 피해 관광안내소 안으로 들어온 사람들은 움직일 생각을 하지 않고 있었다. 이곳에서 잠깐만이라도 비를 피하려는 사람과 여행에 대한 정보를 얻으려는 사람들로 뒤섞여 있었다. 우리 부부가 절실하게 필요했던 것은 알래스카에 대한 상세한 정보였다. 그래 안내 팸플릿을 주섬주섬 챙겼다. 운전을 하려면, 그리고 한정된 시간에 구석

구석을 살펴보려면, 볼거리와 그곳까지 갈 수 있게 안내해 줄 안내자, 지도가 필요했다.

지금 당장에 가야 할 곳은 휘티어였다. 그것은 휘티어가 프린스 윌리엄 사운드를 둘러보기 위해 떠나야 하는 항구였기 때문이다. 안내소 옆에는 북아메리카에서 가장 긴 2.5마일의 안톤 앤더슨$^{Anton\ Anderson}$ 메모리얼 터널이 있다. 이 터널을 지나야 휘티어에 갈 수 있다.

계절에 따라 터널을 통과하는 시간이 다르다고 안내되어 있지만 일단 통행을 하기 시작하면 15분 간격으로 차들이 교대로 통과할 수 있었다. 제일 먼저 통과할 수 있는 차는 승용차이고 트럭이 제일 나중에 통과하도록 되어 있었다. 그 길은 시속 40마일로 달릴 수 있도록 되어 있지만 바닥이 철로여서인지 실제 주행 속도는 권장속도보다 느렸고, 차간 거리를 충분히 떼어 놓도록 하고 있는데 그보다 더 멀리 떼어놓고 달리고 있었다.

터널을 통과해 들어가면 아름다운 산으로 둘러싸인 좀 별스러워 보이는 항구를 만나게 된다. 이 항구는 휘티어인데 1915년 미국 시인 존 그린리프 휘티어$^{John\ Greenleaf\ Whittier}$ 이름을 따 그렇게 부른 것이다.

이곳은 알래스카 해안 하이웨이의 주요 휴식지점으로 크루즈가 왔다가 되돌아가는 항구이기도 했다. 휘티어에서는 크루즈, 카약, 야생동물 관찰, 낚시, 스쿠버 다이빙 등 주로 물에 관련한 관광을 즐길 수가 있는 곳이다.

휘티어는 알래스카 내륙에서 필요로 하는 물자를 선박으로 싣고 온 컨테이너를 기차에 차곡차곡 싣고 내륙으로 떠나기도 한다.

휘티어는 관광객이 묵을 수 있는 곳은 콘도 한 채, 여관 두어 채가 고작이었다. 콘도는 크지만 그것을 빌리러 들어가는 사무실이 보이지 않았다. 불은 보이는데 그 건물에 대한 안내 간판이 없는 것으로 보아 회원에게만 개방하는 듯 했다. 바닷가의 여관은 객실 수는 한 서른 정도의 3층 건물인데 마침 내린 비와 해무에 휩싸여 있는 것이 제법 운치가 있어 보였다. 해무는 비가 주룩주룩 내리고 있는데도 쌀쌀한 느낌을 말끔히 씻어주었다. 이곳에 묵고 싶은 마음은 있지만 주변 경관과 시설이 호텔다워 보이는 것이 가격이 꽤 비싸 보였다. 주머니 사정을 생각해 시야에 들어오는 경치의 맛과 비 내리는 해안가의 정취만을 실컷 맛보고는 좀 싸다 싶은 다른 여관을 찾아 갔다.

식당을 같이 겸하고 있는 모텔이 눈에 들어왔다. 처음에는 이런 곳이 좀 낯설어 당황했다. 그렇지만 숙소가 많은 것도 아니고 거기다 비까지 내리는 상황이어서 선택의 여지가 없었다. 그렇다고 마음대로 휘티어 밖으로 나갈 수 있는 것도 아니니 죽이 되든 밥이 되든 휘티어에 갇혀 하룻저녁을 지내야 했다. 터널을 통과할 수 없는 시간대의 휘티어는 외부세계와 고립된 항구이자 외로운 기차역이었다. 더구나 비까지 그칠 기미가 보이지 않자 관광객들은 관광을 뒤로하고 서둘러 되돌아가서인지 한적하기까지 했다.

상황이 어떻든 이곳에 머물 수밖에 없었다. 식당으로 가 방을 구했다. 방은 식당과 다른 건물에 있었다. 예상한대로 여관비가 쌌다. 방은 콘도식으로 되어 있어서 밥을 해 먹을 수 있도록 되어 있었다. 바닷바람에 공기는 상쾌하지만 내리는 비에 몸도 마음도 추위와 옷을

두껍게 껴입어야 했다. 여행준비를 할 때 7월이면 여름인데 겨울옷을 준비할 필요가 있을까 하고 한참 망설였는데. 알래스카하면 빙하와 에스키모가 사는 얼음집이 떠올려져 내의를 한 벌씩 준비해 왔다. 지금 보니 그러길 잘 했다 싶었다. 비가 올 것을 대비해 겉옷은 방수가 되는 것이라 서양 사람처럼 비를 맞아가며 돌아다녀도 빗물이 살갗까지 배어들지는 않았다. 비에 젖은 옷은 옷걸이에 가지런히 널어 놓았다. 아침에 일어나 보니 우리 부부의 온기에 젖은 옷가지들은 뽀송뽀송하게 말랐다.

숙소 1층에는 중국 사람이 경영하는 제법 큰 슈퍼마켓이 있었다.

그곳에서 살 것은 라면과 계란이 전부였다. 찾기가 어려워 라면이 어디에 있느냐고 물었더니 라면이라는 말을 알아듣고 찾아 주었다. 라면은 한국 상표지만 만들기는 중국에서 만든 것으로 되어 있었다. 그래서 라면이라는 말을 쉽게 알아들었던 모양이다.

하도 비가 많이 내려 내일의 여행일정을 어떻게 할까하는 답답한 마음에 아주머니에게 물어보았다.

"내일 일기는 어떨 것 같아요?"

신문을 펼쳐보더니 중국 아주머니는 내일도 모레도 계속 비가 내린다고 했다. 비가 내일도 온다, 어떻게 해야 하나, 깊은 시름에 빠져

들었다.

방안에서 지척에 있는 기차역과 부두를 바라다보았다. 창밖에 펼쳐진 빙하의 산도 가깝게 다가왔다. 처음으로 캐나다 설퍼 산에서 빙하를 밟아보고 그곳의 물과 공기를 마음껏 들이마셔보기는 했지만 방안에서 비 내리는 저녁의 빙하 산을 무심히 바라보며 부부가 정담을 나누는 것도 의미가 있어 보였다. 그냥 앉아 있으면 갑자기 바뀐 바깥의 이색 풍경에 마음이 새침해질 것만 같았다.

설렘으로 다가오는 산이 계속 곁에 머물러 준다면 언제나 젊은 사내와 새댁 같은 마음을 가지고 살 수 있을 텐데······.

한 떼의 구름이 몰려와 산을 베개 삼아 드러누웠다. 빙하 산도 피곤한지 자기 존재를 구름에 숨기곤 했다.

휘티어에 온 것은 구름을 보고 싶어서가 아니었다. 우리는 크루즈를 타고 프린스 윌리엄 사운드에서 해안에 펼쳐진 빙하도 보고 이곳에서 고기를 잡아가며 사는 사람의 모습도 보고 싶었다. 빙하로 덮여 있는 산의 웅장함에서, 자연의 여백에서, 평화롭게 노니는 물개와 고래 떼들과도 대면하고 싶어서 이곳에 온 것이다. 그런데 부두에는 구름이 반갑다고 가까이 다가와 비켜서주지 않으니 지척도 분간하기가 어려웠다. 이런 시추에이션을 어떻게 해야 한담.

여기에다 꿈에 그리던 낯선 알래스카의 첫날밤인데, 어떻게 하는 것이 최선의 선택인지 마음을 종잡을 수가 없었다.

이런 상황을 어떻게 극복해 나가야 후회가 없을까. 내일에도 비가 계속 내리면 어차피 낯선 곳인데, 그리고 앵커리지에서 멀리 온 것도 아닌데 앵커리지 북쪽부터 관광하는 것이 좋겠다 싶었다. 그래 아침에 예약하려던 프린스 윌리엄 사운드 투어를 위한 크루즈 예약을 미루고 내일 일기 상황을 보아가며 크루즈 승선표를 사기로 했다.

다음날 아침에도 비가 주룩주룩 내리는 것이 그칠 기미가 보이지 않았다. 여관 창문에서 보이던 그 많은 컨테이너와 화차는 어디로 갔는지 자취를 감추었고 빈 역에는 철로만이 고인 물에 잠겨 있었다. 주민한테 물어보니 밤새 배에서 화물을 하역해 그걸 다시 열차에 싣고 내륙으로 떠났다고 했다.

"참 부지런도 하여라. 비 맞아가며 다니는 사람이 측은하게 보이더니만 이렇게 큰 일을 해냈네. 초라한 것이 아니고 위대한 일을 하는 사람들이네."

그들의 프로 정신에 놀랐다. 어제 그들의 행색으로 보아 안쓰럽다고 생각했는데 그들의 내면을 보지 못한 단견에 이내 후회했다.

구름 뒤에 숨어 숨바꼭질하듯이 간간이 보여 주는 산은 빙하를 뒤집어 쓴 데다가 너풀대는 하얀 치마저고리 구름이 입혀져 산인지 빙하인지 구름인지 헷갈릴 정도로 모두가 새하얀 했다. 빙하에서 불어오는 냉기 서린 바람까지 불어 나뭇잎까지 벌벌 떨고 있었다. 이런 분위기 속에 갇혀 있는 동안 마음이 센티했다.

"알래스카에 적응하기도 전에 비가 왜 이리 쏟아지냐, 큰 맘 먹고 이곳까지 왔는데. 이러다가는 구경 한 번 제대로 못하고 돌아가는 거 아녀."

이렇게 말은 했지만 그렇다고 여관방에 죽치고 앉아 있을 수도 없었다. 1975년 정월에 결혼해서 마른자리 제대로 한번 가져보지 못하고 인생 여정의 힘든 고비고비마다 함께 헤쳐 여기까지 왔는데 인생의 한 페이지도 아니고 한 점에 불과한 지금 이 순간을 비 때문에 가고자 하는 길을 멈추어 설 수는 없었다. 비 내리는 것을 핑계 삼아 이어져오던 삶의 스토리에 이가 빠져서야 되겠는가.

아침을 라면과 누룽지로 때우고 잠시나마 나태한 마음을 가지게 했던 여관방을 체크아웃하고 무작정 길을 나섰다. 어제 저녁에 보았지만 아침 일찍이 다시 마주하는 부두는 어떤 모습으로 다가올지, 그게 궁금해 부두와 기차역이 있는 주위를 한 바퀴 돌아보았다. 그래도 미련이 있어서 크루즈 회사가 어디에 붙어 있는지 비를 맞아가며 트레일러를 꾸리는 십여 명의 젊은이들 중 한 사람에게 물어보았다. 자기들도 낯선 곳이라 잘 모르겠다고 했다.

  선박회사 직원들에게 우중에도 프린스 윌리엄 사운드 주변 풍광을 볼 수 있는가를 물어보려 했다. 그런데 그들은 아홉 시가 넘었는데도 출근하지 않았다. 배가 12시나 되어야 출발하니 아침 일찍 출근해야 할 이유가 없어 보였다. 여기에다 휘티어로 들어오는 터널이 10시는 되어야 열리니 그때쯤 되어서야 출근할 것 같아 보였다. 여행 끝에 다시 들리기로 마음먹었지만 그래도 미련이 남아서 비를 맞아가며 휘티어 곳곳을 돌아다니며 사진을 찍었다. 다시 차를 돌려 휘티어 부두 주변을 두루 살펴보았다.

전망 좋고 지금은 한적해 보이지만 한 때는 사람이 북적거렸던 곳으로 보이는, 좀 높은 언덕 해안가에 우두커니 서 있는 5층은 됨직해 보이는 제법 큰 빌딩이 있었다. 지금은 어느 누구도 그곳을 찾아주지 않아 유령이 나타날 것만 같은 폐허가 되어 있었다. 이 건물은 러시아군 장교 숙소로 사용했다고 한다. 건물을 철거하려 해도 철거 과정에서 석면이 날려 주위가 오염될까 봐 지금까지 손대지 않고 방치해 두고 있는 상태였다.

산기슭 한 곳을 평평하게 닦아 놓고 한 귀퉁이에 비를 피할 수 있게 지은 검은색 건물 하나가 있었다. 그 건물 한 모퉁이 처마끝에 RV를 천막으로 연결해 놓고 잠에 빠졌는지 기척이 없었다. 다른 RV에서는 비를 맞아가며 입으로 바람을 일으켜가며 장작불을 지피고 있었다. 이런 일을 한번쯤은 해야 여행이 감칠맛이 나는 모양이다.

고생! 여행의 참맛을 느끼게 해주는 양념중 하나임이 분명했다.

눅눅해진 장작불 연기에 눈물을 흘려가며 불을 지피는 사람들을 보고서야 우리는 어젯밤에 럭셔리한 방에서 따뜻하게 잘 잤다는 생각을 했다.

빗속에 묻혀 있는 그들에게서 행복은 함께 만들어가는 거구나,

그래 좀 힘이 든다고 생각하던 것도 그게 행복에 겨운 재잘거림이구나. 부부가 같이 살면서 힘든 일을 겪은 것도 밋밋한 인생에 양념을 쳐서 맛의 변화를 주어가는 한 과정이구나. 고통도 슬픔도 기쁨도 이별도 다 같이 인생의 양념이다 싶었다.

데날리 국립공원 가는 길

휘티어에 비가 너무 많이 내려 프린스 윌리엄 사운드 관광을 알래스카 여행 말미에 하기로 했다. 다른 곳을 여행을 하고 나면 이곳 남쪽도 맑아지겠지 하는 막연한 생각으로 휘티어에서 앵커리지 북쪽에 있는 데날리 국립공원으로 향했다.

앵커리지 남쪽과는 달리 북쪽으로 갈수록 산에 빙하가 적어져갔다. 산도 낮은 편이고 사람들이 더 많이 사는 듯 차량 행렬이 이어졌다. 남쪽에는 RV가 줄을 이은 반면 북쪽으로 가는 길은 승용차들이 많았다. 아무래도 관광지나 휴양지보다는 사람이 사는 곳이 많은 듯했다.

글렌Glenn 하이웨이 갈림길을 지나쳐 계속 북쪽으로 달렸다. 앵커리지에서 멀어질수록 하이웨이 주변에 세워진 우편함의 수가 줄어들었다. 하이웨이에서는 사람이 사는 모습을 볼 수는 없지만 우편함을 보면 대략 몇 집이 살고 있는 동네인지쯤은 짐작할 수가 있었다. 동네로 들어가는 길은 대개가 포장이 안 되어 있어 울퉁불퉁하게 보이기는 하지만 흙길이 자연에 한 발짝 더 다가서게 하는 것 같아 푸근한 느낌이 들었다. 눈비가 오면 질퍽하기는 하겠지만 흙냄새가 사람들의 마음을 한껏 살찌우게 하는 듯했다. 한 시간쯤 달렸을까, 이젠 하이웨이 주변에 도통 우편함을 볼 수가 없었다. 이런 때는 울창한 밀림지대에 홀로 남겨진 것 같아 맘이 어딘지 모르게 쓸쓸해 왔다.

이럴 땐 단둘이 이야기를 나누면서 졸음을 잊기도 하고 어떤 때는 여관에서 내려온 진한 커피를 입안에 머금으면서 쓰디쓴 맛과 코끝으로 스며드는 커피 향으로 몰려오는 오수의 단맛을 중화시키기도 했다. 커피의 씁쌀한 맛은 시도 때도 없이 찾아오는 머리의 짓누름도 쫓아내 주었다. 왜 이리 두통이 찾아올까. 혈액이 탁해 피돌기가 제대로 작동하지 않아서 그런 건 아닌가. 은근히 걱정이 되었다. 앞으로

는 운동과 다이어트를 해서 피의 기름기를 쫙 빼 피돌기를 활발하게 해야겠다는 다짐도 해본다.

　데날리 국립공원 가는 길에 추가치 주립공원이라는 이정표가 나타났다. 차 안에 오래 앉아서 생긴 다리 근육통도 풀어줄 겸, 그리고 주립공원의 경치에 한번 빠져볼 겸해서 주차장에 차를 세웠다. 차량 몇 대가 띄엄띄엄 주차해 있었다. 우리도 그늘에 주차해 놓았다. 남쪽과는 다르게 바깥 날씨가 더웠다. 나지막한 산에 빙하는 보이지 않고 침엽수와 활엽수가 뒤섞여 우거져 있었다. 그래도 이 공원의 클라이맥스는 물이 유유히 흘러가는 계곡과 폭포인 듯했다.

　길 곳곳에 뷰포인트도 있었다. 그곳에는 나무며 야생동물에 대한

그림과 함께 생태설명도 있었다. 대강 읽어보고 난간에서 계곡을 내려다보았다. 전망대는 지지대에 받혀 절벽에서 계곡 쪽으로 나가 세워져 있었다. 허공에 떠 있는 기분에 그러지 않으려 했는데 몸이 좀 아찔했다. 계곡에는 제법 많은 수량의 물이 굽이굽이 큰 소리를 질러가며 시끌벅적 흘러가고 있었다.

 물의 양이 이 정도면 이 산의 계곡은 꽤 깊을 거라는 생각이 들었다. 아마 계곡 따라 비경이 곳곳에 있음직해 보였다. 거의 평평한 길 양 가에 가문비나무가 서 있고 이름은 모르지만 떡갈나무 모양의 활엽수가 간간이 끼어 있어 그림 자체가 조화로웠다. 세월의 풍파를 견디지 못하고 쓰러진 나무들은 살아 있는 나무에 기대어 서서 오가는

사람들을 바라보고 있었다.

　애기는 유모차를, 노인은 휠체어를 타고 오를 수 있도록 배려하고 있는 산야, 그 숲속을 거니는 사람들은 나무 사이에 기다랗게 난 오솔길을 배경으로 사진을 찍기도 했다. 비포장 길이지만 침엽수 잎이 길에 옅게 깔려 있어서 걷는 걸음이 한결 맛깔스러웠다.

　사람이 겨우 비껴갈 수 있을 정도의 나무다리가 아직도 나무 향기를 쏟아내고 있다. 이 다리를 지나면 이내 이 공원의 하이라이트로 보이는 선더버드Thunderbird 폭포에 다다른다. 폭포라기보다는 경사가 급한 계곡을 뒤로하고 쏜살같이 내달리는 물 흐름이라고나 할까. 그냥 그런 느낌에 조금은 실망스러운 작은 폭포였다. 그런 폭포인데도 요모조모 뜯어보면 물은 제법 테너와 소프라노가 어우러져 하나의 음률을 그려내고 있었다. 나이아가라나 이과수와 같이 마음의 응어리를 뻥 뚫어주는 그런 웅장한 폭포까지는 아니더라도 들뜬 마음을 차분하게 가라앉혀 주는, 그래 자기의 마음을 되돌아보게 하는, 그래 사람들이 아기자기한 폭포라 말해 주는 그런 폭포였다.

　물이 부스러지는 여운이 귓전을 울렸다. 아쉽지만 발걸음을 돌렸다. 나무 그늘에 가려 있는 듯 마는 듯한 자그마한 나무들에 눈길을 주어가며 공원길을 걸어 나왔다. 사실 폭포를 보는 것보다도 오솔길을 걸으며 이야기를 나누는 것이 더 좋았다.

　하이웨이를 달리면서 시야에서 떠나지 않는 산이 있었다. 산 전체가 빙하로 덮여 하얗게 보이는 산, 숨바꼭질 하듯 구름에 숨었다 나오기를 반복했다. 이 산이 데날리 국립공원에 있는 매킨리 산이다.

이 산은 저 멀리에서 아련히 떠오르는 사막의 신기루 같이 다가와 오랫동안 운전하느라 얼른거리는 시선의 가닥을 맑게 잡아 주었다.

  RV를 세워 놓고 가문비나무 사이에 있는 호수에서 낚싯줄을 힘껏 던져 놓고 고기가 낚이기를 기다리는 여행객의 한적한 모습, 알래스카의 운치를 대변이라도 하려는 듯 스케치해 주었다.

  가문비나무들은 낚시꾼이 던진 낚싯바늘에 물이 흐느적이듯 퍼져나가 자기들의 거울을 부셨다고 아우성이다. 조그만 낚싯바늘 하나가 던져진 것에 불과한데 어마어마한 호수의 거울도 깨져 없어졌다. 이제까지 믿고 자기의 모습을 더듬어 가며 깔끔하게 살아보려 했는데 그게 없어졌다. 가문비나무로서는 낭패가 아닐 수 없다.

이런 일은 사람에게만 있는 줄 알았는데 자연에도 있었다. 믿는 도끼에 찍히지 않으려면 어떻게 해야 좋을꼬, 한참을 생각해도 별 묘안이 떠오르지 않았다. 이런 때를 대비해 항상 준비하는 유비무한의 자세밖에는.

낚싯바늘 하나가 호수의 면경을 부수는 것을 보면 바늘구멍이 종래에 가서는 댐을 무너뜨린다는 사실이 맞는 듯했다. '바늘도둑이 소도둑 된다, 첫술에 배부르랴, 천릿길도 한 걸음부터'와 같이 작은 것이 종래에 가서는 큰일을 벌인다는 의미이다. 그리고 눈에 보이지 않

는 세균에 의해 사람도 코끼리도 힘없이 죽어나가는 것을 보면 작은 것의 위력은 큰 것만큼 크다 할 수 있다.

　가문비나무들이 도열해 있는 하이웨이를 달렸다. 좀 지루한 감이 들 정도로 비슷한 풍경이 계속됐다. 그러다 굽이쳐 흐르는 강가에서 가족 단위로 놀러온 사람들이 물놀이하는 모습을 보기도 하고, 로지 lodge라고 쓰여 있는 숙박업소가 보이기도 했다. 운치가 있는 곳이어서인지 숙박비가 180달러라니 만만찮았다. 그나마 빈방도 없었다. 이정표를 보니 데날리 국립공원까지도 얼마 남지 않았다.

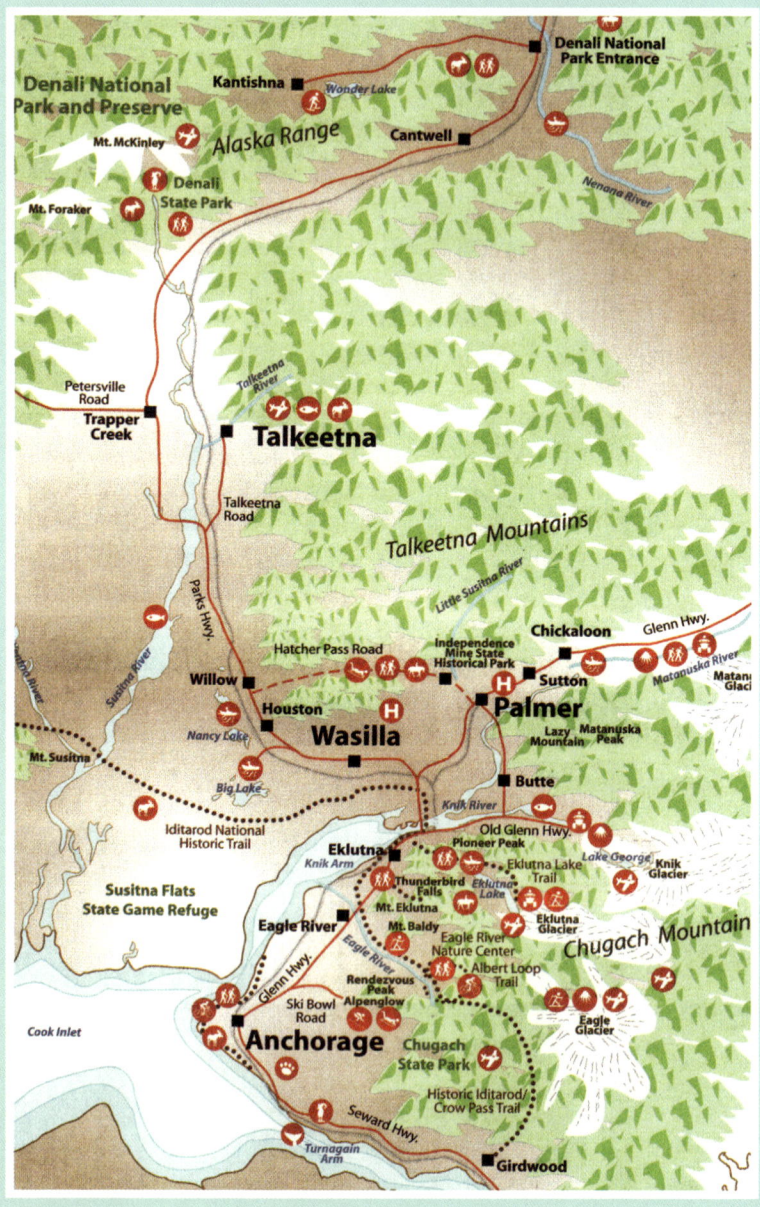

D+3

툰드라가 있는 데날리 국립공원

휘티어를 출발해 데날리 국립공원에 도착한 시간은 오후 8시가 되어서였다. 몸이 많이 피곤했다. 관광안내소에는 관광객 몇 명이 서성이고 있었다. 이 사람들도 국립공원에 대한 안내를 받고 싶어 하는 사람들이었다. 늦은 시간이라 예상은 했지만 관광안내소 문은 굳게 닫혀 있었다. 주변 건물에는 국립공원에 대한 프린트물이 주인을 기다리고 있을 뿐이다. 다른 안내책자는 동이 났는지 흔적조차 보이지 않았다. 혹시 여행에 도움이 될 만한 다른 무엇인가가 있지나 않을까 하는 생각으로 안내소 건물 주위를 살펴보았다. 때마침 안내소직원 아가씨가 강과 계곡 안내를 마치고 돌아왔다.

그 안내원에게서 국립공원에 대한 대강의 안내를 받았다. 더 이상의 안내와 이와 관련된 책자는 내일 아침에 오라는 언질을 해 주었다. 안내원에게 숙박단지가 어디인지를 물어보았다. 공원 입구 밖 왼쪽으로 2킬로미터 정도가면 여관이 있다고 했다. 이젠 안심이 되었다. 마음이 편안해 왔다. 그곳에는 통나무집들이 하나의 마을을 이룬 빌리지가 있었다. 빌리지는 좀 평평한 계곡에 자리 잡고 있었다.

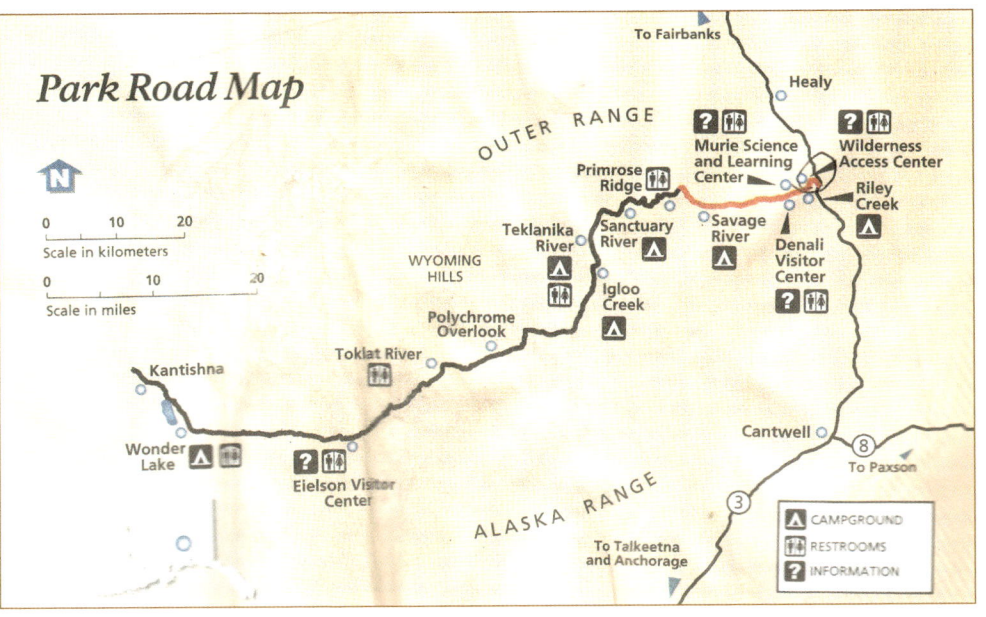

 차로 빌리지 안까지 들어갔다. 건물과 건물 사이에는 정원을 만들어 산뜻하게 꾸며 놓았고 꽃과 나무 사이에는 잔디밭이 있어 건물들을 돋보이게 했다. 깔끔하게 포장되어 있는 길 한 가운데로 사람들이 다니는 것을 보면, 그리고 주차해 있는 차들이 없는 것을 보면, 이곳은 차량이 들랑거릴 수 없는 곳이구나 하는 생각이 들었다. 그러고 있는 순간 관리인인 듯해 보이는 사람이 와서 차를 주차장에 주차하라고 했다. 알고 보니 주차장은 빌리지 단지 밖에 있었다. 주차한 차량 수를 보니 빌리지 규모가 크긴 컸다. 아마 이곳은 위치적으로 보나 통나무로 마음에 쏙 들게 정성들여 지은 것으로 보아 숙박비가 상당히 비쌀 거라 짐작했다. 일단 프런트에 가서 하루 숙박비가 얼마인지 물어보았다. 예상한대로 200달러로 상당히 비쌌다. 여기에 세금까지 포함한다면 220달러 쯤 되었다. 발걸음을 되돌려야 했다.

바로 길 건너 모텔로 갔다. 이곳에는 RV가 주로 주차해 있었고 그 옆 곳곳에는 모닥불을 피워 놓고 담소를 나누고 있었다. 좀 어수선했다. 방은 가건물에 칸을 막아 만든 우리의 여인숙마냥 보였다. 그래도 공원이 가까운 것에 매력이 있어 방이 있느냐 물어보았더니 한 달간 예약이 끝났다고 했다. 좀 난감했다. 이러다가 노숙을 할지 모른다는 생각이 들었다.

하는 수 없이 8킬로미터 정도 떨어진 강가에 늘어서 있는 매킨리 빌리지로 갔다. 하루의 숙박료가 150달러라고 했다. 좀 싸기는 했지만 이제까지 돌아다닌 것에 비하면 별 소득이 없어 보여 가장 싼 방을 알아봐 달라고 했다 그래서 구한 것이 120달러짜리 방이었다. 방은 헌터 로지의 이층 귀퉁이 방을 배정받았다. 방이 건물 가운데 있으면 어떻고 가장자리에 있으면 어떠한가. 잠자리에 들면 꿈도 꿀 여유조차 없이 단잠에 빠져드는데……. 마음속으로는 싼 맛에 이곳에서 이틀 밤을 머물렀으면 했다.

호텔은 네나나 강가에 있었다. 이곳에는 래프팅을 할 수 있는 보트가 있었다. 시간 여유가 있는 사람은 이곳에서 하루 여가를 즐기는 것도 나쁘지 않을 거라는 생각을 했다. 해가 지려면 오후 11시는 되어야 할 것 같아 빌리지를 한 바퀴 산책하고는 잠자리에 들었다.

아침 일찍 일어나 아침밥을 챙겨 먹고는 한 10분 정도 걸리는 국립공원에 갔다. 관광안내소에서 안내책자를 주섬주섬 챙겨 들고 곧바로 국립공원 안으로 들어갔다. 여느 국립공원과 다르게 입장료를 받지 않았다. 좀 이상하다 싶었다. 그래도 승용차로 한 5분 정도 달려 들어갔는데도 관광객이 보이지 않았다. 혹시 길을 잘못 들어선 것 아닌가 하고 있던 참에 도로공사를 하는 사람을 만났다. 그에게

"다른 관광객이 보이지 않는데 혹시 국립공원이 아닌가요?"

물어보니,

"데날리 국립공원은 맞는데, 공원 투어를 승용차로 하기에는 도로 사정이 좋지 않으니 버스 투어를 하는 게 좋겠네요."

라고 했다. 처음에는

"이거 혹시 엄포아녀."

그렇게 생각을 했는데 조금 더 지나도 관광객이 보이지 않았다. '아마도 공사를 하던 사람 말이 맞는 모양이구나, 승용차를 끌고 가다가 도리어 애물단지가 되는 거 아녀' 하는 생각에 일단 공원 입구로 되돌아 나왔다. 공원안내소에 다시 가서 어떻게 해야 버스 투어를 할 수 있는가를 물어보았다.

"버스 액세스 센터에 가서 버스를 타고 여행해야 합니다. 센터는 길 건너편에 있습니다."

안내소를 나와 이정표를 보아가며 액세스센터로 갔다. 대부분의 차들은 센터에서 가까운 곳에 주차해 있었다. 먼 곳에 주차를 해 놓고 센터 안으로 한참을 걸어 들어갔다.

일단 안내 창구로 가서 여행안내를 받았다. 창구직원은 공원 안은

포장되지 않은 낭떠러지가 곳곳에 있다고 했다. 어떤 곳은 일방통행을 해야 하는 곳이 있어 이런 도로에 익숙하지 않은 사람이 운전해가며 투어하기가 쉽지 않다고 했다. 그래 공원 내만을 운행하는 관광버스를 타고 투어 하는 것을 권장한다고 했다. 먼저 온 여행객들은 투어티켓을 사기 위해서 여러 창구에 길게 늘어 서 있었다. 대부분은 캐나다와 미국에서 온 사람들이지만 중간중간에 인도 중남미에서 온

사람들도 끼어 있었다.

　투어 비용은 투어 시간에 따라 달랐다. 당일치기 투어로 제일 긴 시간 동안 관광하는 코스는 여섯 시간짜리가 유일했다. 더 긴 코스는 반대쪽에서 하룻밤을 자야했다. 여행일정상 6시간짜리 코스가 맞는 듯했다. 그래 티켓을 줄 수 있느냐고 물으니 안내창구인데도 바로 표를 주었다. 먼저 왔으면서도 긴 줄에 서 있는 사람에게는 좀 미안

하다는 생각이 들었다.

　투어버스는 좀 길었다. 한 좌석에 두 명씩 총 52명이 탈 수 있었다. 운전기사가 타더니 마이크를 잡고 말하기 시작했다.

　"좋은 날씨입니다. 여러분과 함께 데날리 국립공원의 운전과 안내를 하게 되어 기쁩니다. 여기에서 관심을 가지고 보아야 할 것은 야생동물입니다. 투어가 끝날 때까지 여러분을 안전하게 모시겠습니다." 라는 말을 하고는 운전석에 앉았다. 버스가 서서히 움직이기 시작했다. 아직은 아까 왔던 포장길이라 좀 낯익었다. 강이 나오면 강 이름

이며 언제 어떤 과정에 의해서 강과 계곡이 생겨났는지, 그리고 이곳에 무엇이 살고 있는지 해박한 지식으로 설명해 주었다.

먼지가 풀풀 날리는 공원도로이지만 짜증 한번내지 않고 운전하다 운전석에서 일어나기 쉽지 않을 텐데 도로에 휴지가 떨어져 있으면 휴지를 주어 자기 차 휴지통에 집어넣는 여유를 가지고 운전을 했다. 자전거를 타고 가는 사람, 트레킹을 하는 사람이 있으면 그들 옆에 버스를 세워 놓고 버스를 타고 갈 것인가를 묻기도 했다. 그런 의사가 없다면 먼지라도 일으킬까 봐 걱정하는 마음으로 아주 조심스럽게 운전하는 배려심도 보였다. 도로 옆에서 자기 새끼들에게 피해를 입게 하지나 않을까 혹시나 하는 마음에 방방 뛰는 시늉을 하면서 지저귀는 새들에게는, 안심하라는 듯 차바퀴가 알아서 굴러가도록 차에게 차체의 움직임을 내맡기기도했다.

  그렇게 해서 쌓인 신뢰 덕분에 새들도 곰들도 무스들도 자기가 하던 먹이 활동을 어떤 방어의 기색도 보이지 않고 그대로 자기 활동에 열중하는 모습들이었다. 곰과 무스는 차도, 차에 있는 사람도, 우리들과 같이 이곳 국립공원에 더불어 존재하는 하나의 구성요소라고 생각하고 있는 듯했다. 버스가 머물러 있어도 괘념치 않고 풀 뜯

는 데만 열중하고 있었다.

운전기사가 가면서 곰이며 사슴이 나타나면 차를 세우고 설명해 주기는 하지만, 기사가 미처 못 보고 지나가면 꼬마들이건 할아버지 할머니이건 소리를 지른다.

"버스 스톱."

한때 익숙하게 들었던 버스 차장의 목소리를 다시 듣는 듯했다. 너무 멀리 떨어져서 겨우 그 형체만 보일 뿐인데도 무슨 대발견이라도 한 것인 양 차를 세우면 사람들마다 망원경을 꺼내들고 문제의 곰을 찾아 나선다. 그러다 곰이 망원경 안에 들어오면 몇 시 방향에 곰이 있다고, 그리고 몇 마리가 있다고, 베이비 곰이 재롱을 부린다고, 한참을 수선 피우다가 좀 싫증이 나면 조용해진다. 그러면 버스는 다시 움직이기 시작한다.

사실 맨눈으로는 무스건 곰이건 하나의 점으로 밖에 보이지 않는다. 야생동물을 탐색하는 카메라맨은 망원렌즈를 바꾸어 끼고 야생동물의 움직임에 따라 셔터를 마구 눌러댄다. 그 소리가 오르간의 건반을 튕기는 소리, 콩 볶는 소리, 바람 소리, 물 흐르는 소리, 삶들의 숨소리와 한데 어우러져 맑은 소리로 들려올 때도 있었다.

한 번도 곰을 보지 못한 사람들처럼 고개를 늘어뜨려 가며 곰을 찾아 두리번거리는 사람도 있었다. 그럴 수밖에 없는 것이 보일 동 말 동한 거리에 풀잎에 가리다가 나무에 가리다가 숨바꼭질을 하는 곰을 찾아보아야 하니 시선은 뒷북치며 곰 주위만을 뱅뱅 돌기도 했다.

옐로우스톤에서는 야생동물들이 5미터도 안 되는 거리에 자기 길을 자신 있게 묵묵히 걸어가는 버펄로가 있는 가하면 풀을 열심히 뜯어먹는 날렵한 사슴, 육안으로 보아도 우직하리만큼 큰 곰, 덩치에 어울리지 않게 새끼 곰과 재주를 부리는 모습을 지척에서 볼 수 있었다.

그런데 데날리 국립공원에서는 숨은 그림 찾듯 해야 무스가 뿔 치기하는 광경이 겨우 시야에 들어올 정도이니 목을 빼들고 볼 수밖에 없었다. 그래서인지 이곳의 야생동물의 주가는 천정부지로 올라 있었다. 곰은 사람이 다니는 길에서 가능하면 멀리 자기들의 보금자리를 틀고 있었다. 이곳의 곰은 아예 사람에게서 멀리 떨어져 놀면 아무 걱정 없이 편히 지낼 수 있다고 생각하는 듯했다. 사람이 언제 돌변하여 자기들을 공격할지 모른다는 상호 불신이 아직까지도 내면에 깔려 있는 듯했다. 지금은 서로가 존중해가면서 살고 있지만 조상대대로 학습되어 온, 만사불여튼튼, 나 이외에 그 어느 것도 믿어서는 안 된다, 그리고 먼저 자기 안전부터 챙기고 그 다음에 먹이 활동을 해야 한다는 생각에 젖어 있는 듯했다.

곳곳에 야생동물에게 먹이를 주지 말라는 안내 문구가 있다. 야생성을 잃지 않게 하려는 배려도 있지만, 야생동물을 사람에게 종속시키지 않으려는 의도로도 보인다.

매킨리를 품은 데날리

데날리 국립공원에는 북미에서 제일 높은 2만 320피트의 매킨리 산이 있다. 이 산을 보려면 버스를 타고 대여섯 시간을 가야 먼발치에서나마 그 위용과 웅장함에서 풍기는 엄숙한 분위기와 마주할 수 있다.

공원 밖 멀리에서 보는 매킨리는 추위와 저산소에도 견딜 수 있는 전지전능한 신만이 살 수 있을 것 같이 신비로워 보였다. 자연이 만들어낼 때부터 궁금증을 갖게 하고, 신비는 이런 거다 하고 가르쳐주려는 듯했다. 언제나 변함없이 같은 모습으로 보여 주는 매킨리, 삶에도 동물에게도 식물에게도 눈만 뜨면 새하얗게 단장한 이정표로 다가와 주었다.

미국의 지명 당국에서는 이 산을 대통령이었던 윌리엄 매킨리의 이름을 붙였다(1896년). 그러나 알래스카에서는 이런 아름다움의 요소와 이 산보다 더 높은 산이 없을 거라는 의미를 표현하기 위해서, 애서배스카Athabascan 족 인디언은 "제일 높은 것"이라는 뜻를 가진 '데날리'라고 불러왔다.

매킨리 산에는 세계 정상급 산악인들이 등반하기 위해서 찾아오는 사람만 매년 2000명 정도에 이른다. 정상 등반 시도를 한 사람들 중 절반 정도가 정상 도전에 성공하고 돌아간다. 한국 사람으로서는 최초로 에베레스트 산(해발 8,848m) 등정에 성공한(1977. 9. 15) 고상돈 대원이, 역시 한국 사람으로서는 처음으로 매킨리 산을 정복하고(1979. 5. 29) 하산 길에 사고로 세상을 떠났다.

데날리 국립공원을 찾는 사람들은 매년 40만 명으로 대부분이 6, 7월에 몰려 찾아오고 5월과 8월에는 좀 뜸한 편이다. 5월에도 공원 길 90마일이 군데군데 눈으로 덮여 있기도 하지만 새들은 공원에 약간의 파릇한 색만 띠어도 삶의 터전을 이곳으로 옮겨와 산다. 가을에는 공원 전체가 녹색에서 노랑, 빨강, 파랑으로 물들여져 색동저고리로 갈아입는다. 운전기사는 말한다.

"이 도로는 어느 곳에서보다 쉽게 야생동물을 볼 수 있습니다. 그래 야생동물을 보고 즐기도록 배려하겠습니다. 야생동물이 안심하게 머물 수 있도록 데날리 국립공원규칙에 따라 주십시오."

매킨리 산은 멀리서 보면 오뚝하게 솟아 있고 그 주위에 좀 낮은 산이 호위하는 듯 도열해 있는 모습이다. 구름이 왔다 갔다 하면서 산을 가린다. 그런 모양새가 매킨리 산에 신비성을 더 보태고 있다. 여름이면 빙하가 녹아 구름을 만들고 구름은 물이 되어 빙하자리를 다시 채워 내일도 오늘 같이 새하얀 산으로 존재하게 된다.

그런데 공원 안에서 본 매킨리 산은 펑퍼짐한 것이 어떤 위용을 뽐내려는 자만에 찬 그런 산이 아니었다. 모든 것을 포용하려는 듯 산 가운데 부분은 폭 파여 들어가 보였고 파인 양쪽에는 언덕을 만들어

매킨리는 신비를 가진 것이 아니라 자연의 모든 것을 품어 안을 수 있는 큰 그릇임을 만천하에 공표하고 있는 듯 보였다. 매킨리는 사람들이 속속들이 보는 것을 거부할 줄 알았는데 호위하던 구름을 물리고 시시콜콜한 것까지 다 보여 주었다. 그러면서 오직 자신의 도량이 넓음을 한껏 뽐내고 있었다.

　매킨리는 자신의 신비를 오래 간직하기 위해서 아름답게 꾸미려 성형을 하지 않았다. 아름다움이란 그냥 생긴 그대로를 내보이는 자연스러움 그 자체라는 것을 말해주고 있었다.

　매킨리 산은 자기의 본래 모습을 자랑스러워하는 듯했다. 그래 대수술을 하여 겉보기만 아름답게 하려하지 않았다. 시꺼먼 속내에 아

름다운 척 가면을 써 사람들을 속이려들지도 않았다. 그래 어제 보고 오늘 보아도 싫증이 나지 않았다. 젊지도 늙지도 않는 듯 언제나 용솟음치는 듯했다. 그래 내일도 오늘과 같을 거라는 믿음이 갔다.

미시적으로 보면 매킨리 산, 거시적으로 보면 데날리 공원.

아름다움을 표현하는 방법이 많이 다르지만 주변과 조화를 이루어가며 아름다움을 가꾸어나가는 것에 놀랐다.

공원 안의 툰드라 지역에는 시냇물이 조잘거리며 흘러가고 그 주위에 풀들은 물 흐르는 소리를 들어가며 자라고 있었다. 나지막한 나무들은 야생동물에게 보금자리를 만들어주고 풀은 먹이가 되어 주었다. 곰들은 시냇물을 드나들며 물장구치며 노는 물고기를 한참 동

안을 바라보다가 낚아챘다. 새끼들은 물고기에게서 단백질과 지방을 공급받아서인가 윤기가 좌르르 흘렀다.

무엇이 공원을 아름답게 할까, 무엇이 공원을 살아 숨 쉬게 할까. 빙하, 툰드라, 물, 공기, 나무, 풀하며 주어 섬겨보지만 그 무엇도 없어서는 안 되는 필수불가결의 요소 같았다. 그래 겪어보니 공원에 존재하는 모든 것들이 하모니가 되어 있을 때 아름답게 보이는 듯했다. 그 어느 것 하나라도 빠진다면 이 빠진 독이 될 게 분명했다. 모두가 다 사람에게 아름다움을 주는 원소가 되고 한 원소가 다른 원소와 함께하면서 조화를 이루게 된다. 그래서 우리의 곁에는 영혼이 담긴 자연으로 다가오는 것이다.

데날리 국립공원을 중심으로 많은 사람들이 사는 것을 보면 매킨리 코앞에서 그 위용을 보는 것도 좋지만 한발 물러서서 매킨리가 가지고 있는 전체가 다른 요소들과 함께하는 신비로움에 젖어 보는 것도 의미가 있어 보였다.

툰드라는 빙하와 상호관계가 있어 보인다. 빙하는 툰드라에 물을 공급해 나무며 풀들을 파릇하게 해 주고, 그걸 뜯어먹고 사는 생명체들은 역동적인 데날리 국립공원을 연출해 내고 있다. 사이사이에 실핏줄과 같은 조그만 도랑과 동맥 역할을 하는 강들, 그로 해 만들어진 먹이사슬로 이어지는 생태계, 어떤 왜곡도 없이 살아 움직이고 있었다.

이것은 아마도 데날리 국립공원을 열면서[1917년] 야생동물이 사람에게서부터 안전하게 살고, 사람들은 그들을 마음 놓고 관찰할 수 있도록 타협점을 찾았기 때문으로 보인다. 이런 노력에 힘 입어 곰, 순록, 늑대, 무스 등 39종의 포유동물과 170종의 새와 물고기가 안전하게 살고 있다.

사람은 자연이 하고 싶은 대로 놓아둘 때 자연은 우리에게 새로운 기회를 주고 사람의 후견으로서의 역할을 해 보인다. 이런 의미에서인지 모르지만 사람이 적게 다니는 도로는 포장을 하지 않고 그대로 놓아두었다. 맨땅은 눈비가 올 때는 물을 흡수하고 가물 때 내놓는 스펀지 역할을 하여 물이 한꺼번에 흘러내려가지 않도록 한다. 시멘트 포장에 익숙하지 않은 곰이며 사슴, 산양이 두려움 없이 살아가도록 배려하는 마음도 담겨 있어 보였다. 곰이나 무스가 자기 집을 짓기 위해 땅을 파헤치고 물길을 막고 포장을 하지 않듯이 사람이 다니기에 조금 불편하더라도 야생동물이 다니는 것을 방해할 만한 축조

물을 만들지 않은 듯했다.

 먼지가 나면 먼지가 가라앉은 다음에 가면 되고 조그마한 계곡이나 도랑이 있으면 최소한의 다리나 배수관만을 묻어 그 위를 지나가면 되는 것이다. 거창하게 시멘트를 쳐 발라 자연이 하고자 하는 일을 방해할 필요가 없는 것이다.

 일방통행할 도로에서는 차가 지나갈 때까지 자연경관을 보아가며 기다릴 수 있는 여유, 자연만이 하는 행동이다. 사람 역시 자연의 한 구성요소이니 천천히 생각하고 천천히 느끼는 여유를 가질 때 행복할 수 있다는 것을 알게 된다. 데날리의 여유로움에서.

D+4

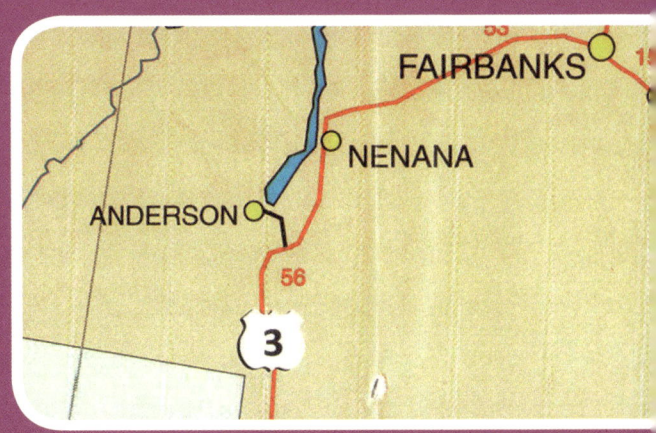

야외 박물관, 타틀아니카 휴게소

데날리 국립공원 관광을 끝내고 북쪽에 있는 페어뱅크스를 향해 길을 잡았다. 힘차게 흐르는 강물소리를 들으며 깊은 계곡 길을 달리고서야 국립공원을 가까스로 벗어났다. 조금 커 보이는 길로 보아 도시가 있는 듯 여러 갈래 길이 나왔다. 승마를 하는 곳이라는 안내판과 비행장이 있다는 이정표가 나왔다. 얼마를 가야할지 모르지만 아직 데날리에 대한 흥분이 가시지 않아서인가, 이곳에서 잠시 쉬었다가고 싶었다. 얼마 가지 않아서 호수가 나왔다. 호숫가에는 넓은 잔디밭에 만들어진 놀이터가 눈에 띄었다.

거기에는 우리 집 정원에도 있는 자줏빛 창포가 만발해 있었다. 좀 친근감이 갔다. 자세히 들여다보아도 똑 같았다. 한참 부모의 손길이 필요한 남매와 이 아이들에게 그네를 밀어주는 엄마가 있었다. 낯선 한국 사람을 보고는 신기한 듯 웃고 있었다. 그 애에게 "몇 살이냐."고 물어보았다. 싱글벙글 웃기만 하고 있으니 엄마가 "두 살이에요."라고 대신 답해 주었다.

"참 예쁘네요."

하고 말해주니 어머니는 고맙다는 인사를 해 주었다. 금발머리에 큰 눈, 오뚝한 코에 살결까지 뽀얀 한 것이 인형같아 보였다. 더 있고 싶어도 모기가 극성을 부려 가만히 있기가 고역이었다. 거울에 비친 데날리 공원의 끝자락을 보면서 호수 주위를 거닐었다.

"이곳은 그림 같지, 암, 그렇고말고."

라고 말할 정도로 아름답고 고요했다. 실제 산은 빛에 희뿌연 색채가 남아 있어 산뜻한 맛이 없었다. 그러나 호수가 만들어낸 산의 이미지는 부드러운 것이 아름다워 보였다. 반영의 산은 강렬한 빛에 의해 만들어진 희뿌연 색을 호수의 명경지수가 빼내어서인지 콘트라스트며 계조까지 어디 하나 나무랄 데 없는 아름다운 풍경이미지였다.

호수 면에 비친 집이며 나무들은 가끔 물을 차고 올라가는 새들이 만들어 놓은 물결에 흔들리는 반영을 보고나서야 "아! 참 이곳이 호수지." 하며 착각에서 벗어날 정도였다. 멀리에서 보이는 산이 없는 쪽에는 호수의 울타리나 되는 것처럼 가문비나무들이 죽 늘어서 있었다.

다시 아이들한테 가서 아주머니는 어디에 사느냐고 물어보았다. 방향을 가리키며 한 200미터 정도의 거리에 산다고 했다. 푹신한 호숫가의 자연의 풍경에 몸과 마음을 내맡기고 걸었다. 한 걸음 한 걸음 걷는 것이 황홀하기만 했다. 이렇게 낯선 곳 호숫가에 하나의 그림을 그려가며 걷고 있다고 생각하니 천상(天上)도 아마 이럴 거라는 생각이 들었다.

무슨 꽃인지 모르지만 어떤 꽃은 곁을 지나가는 우리에게 향기를 뿌려주었다.

조금 더 가니 아주머니가 이야기하던 집이 나왔다. 들어가는 입구가 널찍한 것이 목장같아 보였다. 더 이상 안으로 들어오지 말라는 의미로 'private'이라는 팻말이 붙어 있었다. 아쉽기는 하지만 주차장으로 발길을 돌려야 했다.

차를 타고 동네 안으로 들어갔다. 길가에는 민박집이 있었다. 겉으로 보아서는 낡은 집 같았고 대부분의 집에 무엇을 운반하려는 지 트레일러가 한 대씩 주차해 있었다. 더 안으로 들어가니 먼저 보았던 호수의 반대쪽 호수가가 나왔다. 입구에 차를 세워놓고 비어 있는 2층 집의 저택 정원을 가로질러 들어가 호수를 감상했다. 아마 이런 풍경을 보고 비경이라고 하는 것 같았다. 집 앞에는 조그만 배를 띄울 수 있게끔 작은 선착장도 마련되어 있었다.

여기 달밤에 배를 띄워 놓고 호수에 비친 자기 모습을 보며 시 한 수를 읊어 가며, 유유자적하는 모습은 가히 환상적일 거라는 생각이 들었다.

이 마을을 나와 하이웨이를 타고 조금을 더 가니 타틀아니카(Tatlanika) 휴게소가 나타났다. 이 휴게소는 조그마한 민속촌으로 꾸며져 있었다. 이곳에 내려 원주민이 어떤 집에서 어떻게 살았는지를 살펴보았다. 나무 위에 지은 집, 그리고 반 지하 집, 물탱크가 눈에 띄었다.

2미터가 넘어 보이는 비닐하우스에 채소류를 가꾸고 있었다. 자기들이 먹기 위해서 가꾸고 있는 듯했다. 알래스카에 와서 채소를 가꾸는 집은 처음 보았다.

네나나 시

가문비나무들이 도로에서 10미터 떨어진 곳에 도열하듯 서 있었다. 너무나 똑같은 경치에 차는 움직이는데 경치는 정적이었다. 데날리 국립공원은 하늘에는 구름이, 산에는 빙하에서 흘러내리는 작은 폭포가, 툰드라에는 곰·무스가 있어 역동적이었다. 그러나 북쪽으로 갈수록 빙하는 보이지 않고 생기 잃은 나무와 풀잎들, 군데군데 산불이 나 시커멓게 타 생명을 잃은 나무의 잔해들이 쓸쓸하게 서 있었다.

그나마 페어뱅크스 쪽으로 갈수록 늪지대는 고사하고 시내도 강도 메말라 강바닥 모래가 바람에 날렸다. 이런 곳에는 생명체가 살 수 없어 자연의 볼륨감도 역동성도 떨어졌다. 이런 곳을 바라보고 있을 때는 무언가 하나 빠져나간 듯 마음 한 구석이 허전해 왔다.

이곳 불은 사람의 실수에 의해서 일어났기 보다는 나무끼리 부딪히면서 발생한 자연 불에 의해서 불이 일어났다. 아직까지는 산불 난 자리에 어린 소나무가 보이지는 않지만 페어뱅크스로 갈수록 산불이 난 지역이 점점 넓어져 갔다. 이곳의 집들은 대부분 숲속에 있었다. 운치 있어 보이고 신선한 산소의 공급을 충분히 받을 수 있어 좋을 듯해 보이지만 산불이나 강한 비바람에 나무가 넘어질 때는 아주 위험할 듯했다.

 이런 화재 난 풍광을 보니 옐로우스톤 생각이 났다. 옐로우스톤에서는 산불도 하나의 생태계라고 한다. 산불이 없다면 소나무는 재선충 같은 해충에 의해 어느 한 순간에 없어질 수도 있다고 한다. 자

연 산불은 소나무와 해충을 불태워 없애주기도 하지만 씨의 보호막을 태워 씨를 움트게도 한다. 이렇게 해서 옐로우스톤은 젊은 공원이 되었다.

툰드라지역이라 나무는 추운지방이니만큼 느릿하게 자란다. 이제 나무가 타 숯덩이가 되었으니 다시 우거진 숲이 되려면 수많은 세월이 지나야 한다. 기다리다 보면 언젠가는 네나나 부근에도 싱싱하고 젊은 가문비나무들이 활기찬 모습으로 들어찰 것이다.

그렇게 구경을 하면서 페어뱅크스를 향해 가다보니 큰 강에 연해 있는 한 마을이 나타났다. 타운의 이름은 네나나^{Nenana} 시이고 강 이름은 데날리 국립공원 근처에서 묵었던 호텔 옆의 그 강줄기와 같았다. 이 도시에 서있는 건축물은 단층으로 거개가 작았다. 여기에서 그래도 큰 건축물은 기차역이었다. 역 부근에는 얼른거리는 사람이 보이지 않았는데 아직 열차 시간이 되지 않아서인 것 같았다.

도로의 너비와 도로 가에 주택이 빼곡히 들어선 것으로 보아 금광 채굴이 한창이었을 때는 꽤 큰 도시 같아 보였다. 길거리 나지막한 집들은 낡아 수선할 곳이 많아 보였다. 이런 건물에도 음식점이나 옷 기념품을 파는 가게, 커피 전문점이 눈에 띄었다. 영업점에 주차장이 따로 마련되어 있지 않은 것으로 보아 개점휴업 상태인 듯 보였다.

큰 도로에서 한 골목으로 들어가 보았다. 골목이래야 두서너 집이 더 있을 뿐이었다. 그곳에는 부서진 차와 버려진 가재도구들이 무질서하게 나뒹굴고 있었다. 집은 언제 페인트칠을 했는지 더 이상 퇴색될 게 없어 보였다. 페인트칠을 기껏 해 놓은 집도 어두운 색이어서 도시의 칙칙한 분위기를 밝게 반전시켜주지는 못했다.

시내 구경을 하고 하이웨이를 다시 타려다가 길목에 있는 네나나의 알프레드 스타$^{Alfred\ Starr}$ 문화센터에 들렀다. 이 센터는 시 입구에, 강가에 있는 찻길에서 그리 멀지 않은 곳에 있었다.

이곳 애서배스카 인디언들은 알래스카 강을 따라 바이올린을 켜고 구슬 세공을 하면서 살아 왔다. 나이가 든 사람은 젊은 사람들에게 자기의 생활방식과 기술을 전수해주기도 했다. 알프레드 문화센터 주

변에는 과일 바구니, 벙어리장갑, 모피 모자, 구슬로 낀 모카신moccasin
과 같은 유용한 물건을 만들고 있는 집이 더러 있었다.

  문화센터에는 방수용 자작나무 껍질로 만든, 미적인 즐거움을 주는 바구니가 전시 중이었다. 이들 바구니는 실제 모든 사람이 수세기동안 사용해 왔다. 이들 방수 바구니뿐만 아니라 그들에까지 특별히 튼튼한 손잡이가 만들어져 있는 주전자 같이 따를 수 있도록 만들어진 것도 있었다.

  관광안내소에는 네나나뿐만 아니라 알래스카 전역의 관광지에 이르는 안내책자가 고루 비치되어 있었다. 습관처럼 안내책자를 주섬주섬 챙겨들었다.

  안내데스크 한편에 마련된 방명록에 이름을 쓰고 주소 란에는 '대구, 한국'이라고 쓰고 사인을 했다.

  "친절한 안내와 좋은 자료를 챙겨주어 대단히 고맙습니다."
라는 말도 함께 써 주었다. 안내원 할머니는 아주 고마워했다. 한국에서 왔다는 것을 보고는 더욱 반겨주었다. 그런데 할머니는 대구라는 도시는 어떤 도시냐고 물었다. 대구는 한국에서 세 번째 큰 도시로 250만 명이 사는 교육·문화·산업의 중심도시라고 말해 주었다. 아주 큰 도시라며 놀라는 표정이었다. 안내 할머니는 한국에 대해 큰 관심을 보여 주었다. 그도 그럴 것이 북극권에 있는 알래스카 할머니가 지금 생활도 빠듯한데 언제 문화와 풍습이 다른 한국이라는 나라에 들릴 수 있을까. 다행이 한국 사람을 만났으니 이렇게라도 이야기를 털어놓는 것이다. 이 노인은 여기에 250만이라는 인구에 상상만 해도 정신 사나울 거라는 생각을 순간적으로나마 했을 법했다.

이렇게 남의 나라에 관심을 가져주고 친절하게 안내해 주는 사람이 있기에 미국을 방문하는 사람들은 새로운 문화 속에 한 걸음씩 기쁜 마음으로 다가서는 것이 아닌가 하는 생각이 들었다.

여기에다 할머니는 시골 도시의 전형적 특징의 하나인 여유가 있게 그러면서도 어떤 수다나 꾸밈도 없이 구수하게 말했다. 외국인이라는 점도 함께 감안해 또박또박 네나나 시에 대해 설명해 주었다.

들고 보니 한때는 이곳도 물고기가 많이 잡히고 강과 철로를 통해 물자를 실어 나르는 창구로서의 역할을 톡톡히 했던 도시였다.

네나나 아이스 클래식Ice Classic은 3월이면 3일 동안 축제를 연다. 이 행사는 1917년에 시작해 오늘에 이르렀다.

할머니 안내대로 페어뱅크스를 향해 달렸다. 아침 일찍 데날리 국립공원의 네나나 강에서 출발했는데도 아직도 네나나 강줄기를 벗어나지 못했다. 강줄기의 길이가 150마일이나 되니 그럴 만도 했다.

커피 한잔의 명상

선술집 같은 분위기를 띤 건물에 '에스프레소'라는 간판이 걸려 있다. 커피 전문점이다. 이곳에 앉아서 커피 향을 맡으며 나에게 지워진 무거운 짐을 옆 의자에 살포시 내려놓고 커피 한 모금을 입에 머금어본다. 커피의 오색찬란한 맛을 느껴가면서 '나는 누구인가? 나는 어디에서 와서 어디로 가는 것일까' 사색에 잠겨본다.

벌레의 생명을 대수롭지 않게 여겼는데, 지금 생각해보니 벌레는 벌레 나름대로 자기 생에 대한 번뇌가 있어 보인다.

커피 잔 위로 모락모락 피어오르는 김이 숨결 따라 맴돌다가 어느 순간에 사라진다.

"아, 이것이 인생이구나! 세상 이치가 커피 잔 김과 같은 건 아닌가." 명상에 빠지게 된다.

어떻게 이런 커피를 마실 생각을 했을까, 세계 곳곳의 사람들이 숭늉마시 듯 커피를 즐기는 것은 어떤 매력 때문인가. 그런데 커피 향을 마시면 울컥했던 마음이 가라앉고 좌불안석이던 마음이 진정된다. 철문과 같이 굳게 닫혔던 말문도 서서히 열리고 마음에 담아두었던 이야기를 스스럼없이 털어놓는다. 커피를 음미하면서 자기 생각을 정리해 제법 조리 있게 말을 구사하기도 한다. 테마를 미리 정해 놓고 말하는 것은 아니지만 내용이 있는 담론을 펼쳐나가기도 한다. 커피가 평소에 어느 한 구석에 잠자고 있는 생각을 깨워 마음의 창밖으로 내보내는 것이다.

추위를 조금이라도 막아보려고 작은 창문을 만들어 놓아 답답한 에스프레소 영업점이지만 창문을 통해 들어오는 가냘파 보이는 희미한 빛이 넓은 창에서 비추이는 빛보다 더 강렬하게 마음에 닿아온다. 색깔 있는 생각이 깊이를 더해 간다.

빛이 직진을 하듯이 작은 창문에서 들어오는 생각은 올곧게 밝았다. 그래 이곳 사람들은 에스프레소에서 닫힌 마음을 열어 보이는 것 하나하나에 그 존재의 의미를 되새겨 가는 듯했다.

커피는 그을린 채로 물에 추출되어 나오면서 모든 물을 검게 물들인다. 보남파초노주빨이 한꺼번에 섞여 겉모양은 특색이 없이 그냥 검게 보인다. 그렇지만 혀라는 맛 프리즘을 지나면 검은 색 속에는 오색찬란한 무지개 색이 선을 그으며 나타난다. 이 선을 음미하면서 맛을 보고 색깔의 구분선을 찾아본다. 그러면 검은 그 속에서 맛깔 나는 색상의 맛이 하나하나 나뉘어 스펙트럼으로 나타난다.

에스프레소에 앉아서 커피 한잔을 머금고 명상에 잠기다 보면 커피의 미묘한 맛들 속에 다섯 가지 맛을 하나하나 그려 담을 수 있다.

떫은맛은 익어가면 홍시와 같이 단맛이 되고 쓴맛도 숙성이 되고 나면 단맛과 쌉싸래한 맛이 함께 어우러져 새로운 맛을 만들어낸다.

전체 맛은 달짝지근함 속에 쓴맛, 매운맛, 신맛, 떫은맛이 하모니를 이루고 있는 것이다. 인생도 마찬가지로 이런 맛의 집합체라 할 수 있다. 어떤 때는 단맛 나는 인생이지만 어떤 때는 쓴맛을 볼 때도 있다.

흙탕물도 처음에는 탁하게만 보이지만 사실 이 물도 오래 두면 맑은 물과 흙으로 분리된다. 그래 흙탕물은 물과 흙의 스펙트럼을 내놓는 것이다. 복잡한 마음도, 혼란스러운 생각도, 에스프레소 같은 분위기에서는 콘트라스트가 강한 생각들이 하나하나 분리되어 나온다.

혼란스러움은 마음이 다툼을 하기 때문에 나타나는 현상이다. 마음의 갈래 하나를 가라앉히고 나면 그게 단맛이 나는 인생이든 떫은맛이 나는 인생이든 쓴맛의 인생이든 말간 마음만 남게 된다.

에스프레소에서 마시는 커피 한 잔에 마음이 말개졌다. 이것은 아마 커피가 프리즘이 되어 혼탁한 마음을 각기 다른 맛으로 하나하나 분리해내서일 것이다.

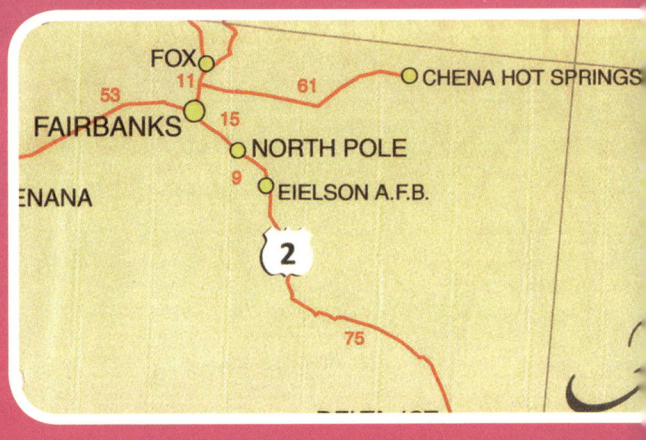

금광의 도시, 페어뱅크스

페어뱅크스Fairbanks는 대구의 분지와 닮아서 알래스카 산맥의 북쪽에 있지만 여름에는 알래스카에서 가장 더운 곳이다. 알래스카 산맥은 동쪽에서 서쪽으로 뻗어 있는 높은 산맥이다. 이 산맥 때문에 대양에서 들어오는 바다의 영향이 페어뱅크스에 들어오지 못하게 된다. 결국 페어뱅크스는 여름에는 다른 곳보다 유난히 더 달구어진다. 여기에 페어뱅크스는 여름 동안에는 낮의 길이가 앵커리지보다 더 길어지는 것도 이곳을 덥게 하는데 한 몫을 한다.

파크스Parks 하이웨이를 타고 페어뱅크스 쪽으로 갈 때도 낮 시간이 길다는 것을 느낄 수 있다. 실제 7월 19일의 경우 앵커리지에서의 일조시간이 18시간 4분인데 비해 페어뱅크스의 경우에는 19시간 40분이나 된다.

6월 21일 페어뱅크스의 일몰시간은 오전 12시 47분이고 일출시간은 이 시간보다 두 시간 늦은 오전 2시 57분이다. 해가 떠 있지 않은 시간도 밤이라기보다는 그냥 어스름할 정도이다. 그래서 밤이라도 전등 없이 산책, 드라이브, 일 하기, 야외에서 책읽기, 야구 게임 즐기기가 가능하다.

　페어뱅크스에는 시야를 답답하게 가로막는 높은 산이 없었다. 여기에는 알래스카의 상징으로 여겨지는 빙하도 보이지 않았다. 눈높이에서 부담 없이 볼 수 있는 산에는 소나무와 활엽수들이 빼곡히 들어서 있었다. 이런 산의 풍경은 경기도 북부에서 흔히 볼 수 있는 그런 풍경과 비슷했다. 도시에서 가까워서인지 도로는 시원스레 나 있었다. 주도로에서 갈래갈래 나뉘어가는 길이 많아지는 것으로 보아 사람들이 제법 많이 사는 꽤 큰 도시 같아 보였다.

　도시 입구의 한 갈래 길로 들어가 6, 7층의 깨끗하게 지어진 인inn급 여관으로 들어가 묵을 방을 구하려 했지만 가격이 맞지 않아 차로 그 주변을 빙빙 돌며 묵을 방을 구해 보았다. 그러다가 월마트에 들러 과일, 빵, 도넛과 컵라면을 사들고 다운타운 쪽으로 더 들어갔다. 좀 빈민촌 느낌이 드는 곳에는 나지막한 집에 방이 다닥다닥 붙어 있는 모텔이 있었다. 좀 답답해 보였다. 아직 초저녁인 데다가 다른 호텔에 비해 치안이 불안전해서인지 아직까지도 주차장에 주차해 있는 차가 없었다.

　자정이 넘어 밴쿠버에 도착해 숙소를 정하다 결국에는 알코올 중독자와 마약중독자가 많은 지역에서 잠을 잔 적이 있었다.

　집시들의 초점 흐린 눈빛, 시선에 담긴 애처로움, 구걸하는 것도 아닌데 길바닥에 엎드려 기도를 올리듯 하는 그들의 모습.

　한밤중에 희미한 가로등을 의지해 길을 걸으면서 그들 중 한 사람을 밟고 지나갈 뻔했다. 아찔한 순간이었다. 대개는 처마 끝이나 큰 건물 벽에 기대어 있기 마련인데 밴쿠버의 어떤 집시는 길 한복판 어디서나 가리지 않고 자기 집인 양 드러눕기도 했다.

이런 생각을 하니 좀 안전하게 느껴지는 곳에서 방을 구해야겠다는 생각이 들었다. 그래 이곳을 지나쳐 값이 싸면서도 좀 안전하고 깨끗한 여관은 없을까 하는 기대로 시내를 몇 바퀴 돌았다. 그렇게 구한 곳이 '슈퍼 8'이라는 인 급 여관이었다. 미 서부에는 이런 체인의 2층 모텔이 많았는데 알래스카에서는 드물게 5층쯤 되어 보이는 모텔이었다. 이곳을 숙소를 정했다.

숙소에 짐을 풀어놓고 관광안내소에서 챙겨온 자료를 보고 페어뱅크스에서 관광할 곳을 정했다. 이곳에서 볼만한 것은 파이프라인, 금광과 모리스 톰슨 문화센터, 안티크 자동차 박물관, 알래스카 박물관, 페어뱅크스 커뮤니티 박물관이 있었다. 이중에서도 볼만한 것은 알라스카대학교 페어뱅크스 캠퍼스의 박물관과 식물원, 금광이 있고 온천은 강력하게 추천해 주지 않았다.

그 이튿날 아침밥을 챙겨먹고 파이프라인을 향해 갔다. 한적한 시골 길가에 파이프라인이 있었다. 그리고 파이프라인은 2미터 높이로 노출되어 있어 쉽게 볼 수 있었다. 내부관은 프로펠러 모양으로 되어 있어 높낮이에 관계없이 오일이 관을 통해 흐를 수 있었다.

이 파이프라인은 유전(1968년 발견)이 있는 노스 슬로프 North Slope의 프루도 Prudhoe 만에서 밸디즈까지 800마일의 거리에 설치(1977년)되었다.

파이프라인은 카퍼 밸리와 같이 영구동결지대를 통과할 때는 지상으로 노출되게 설치했다. 이것은 따뜻한 원유가 영구동결지대의 빙하와 언 땅을 녹이게 되면 파이프라인이 움직이게 되어 파이프가 파손되는 것을 막기 위해서이다.

그래서 빙하지대를 지날 때는 기둥을 수직으로 세워 그 위로 파이프라인이 지나가도록 했다. 파이프는 테플론으로 코팅된 가로보를 설치해 지진에도 끊어짐이 없이 움직일 수 있도록 했다. 이렇게 긴 파이프라인이 추위에도 견딜 수 있게 설계해 시공까지 한 것에 놀랐다.

페어뱅크스는 겨울 동안은 춥고 밤은 어둡고 길다. 겨울 중반에는 방문객들이 그룹을 지어 페어뱅크스를 찾아온다. 여행객들은 추위에 대한 만반의 준비를 한 다음 오로라를 조망할 수 있는 곳에서 오로라가 나타나기만을 기다린다. 페어뱅크스와 같은 위도에서는 맑은 겨울밤이면 수평선 위에서 신기한 기운의 빛 향연을 볼 수 있다. 이런 불빛에 대한 연구는 주로 페어뱅크스 대학에서 한다. 그렇지만 한 여름에 방문한 탓에 이런 신비한 오로라를 볼 수 없어 좀 아쉬웠다.

그 이외에도 페어뱅크스는 세계 제2차대전 동안 무기대여법인 렌드-리스Lend-Lease 프로그램에 따라 비행기를 러시아로 보냈던 주요 군사기지로서 역할을 한 것으로 유명하다. 냉전 동안에는 혹한기 비행 훈련 센터로서의 역할을 충분히 해내기도 했다.

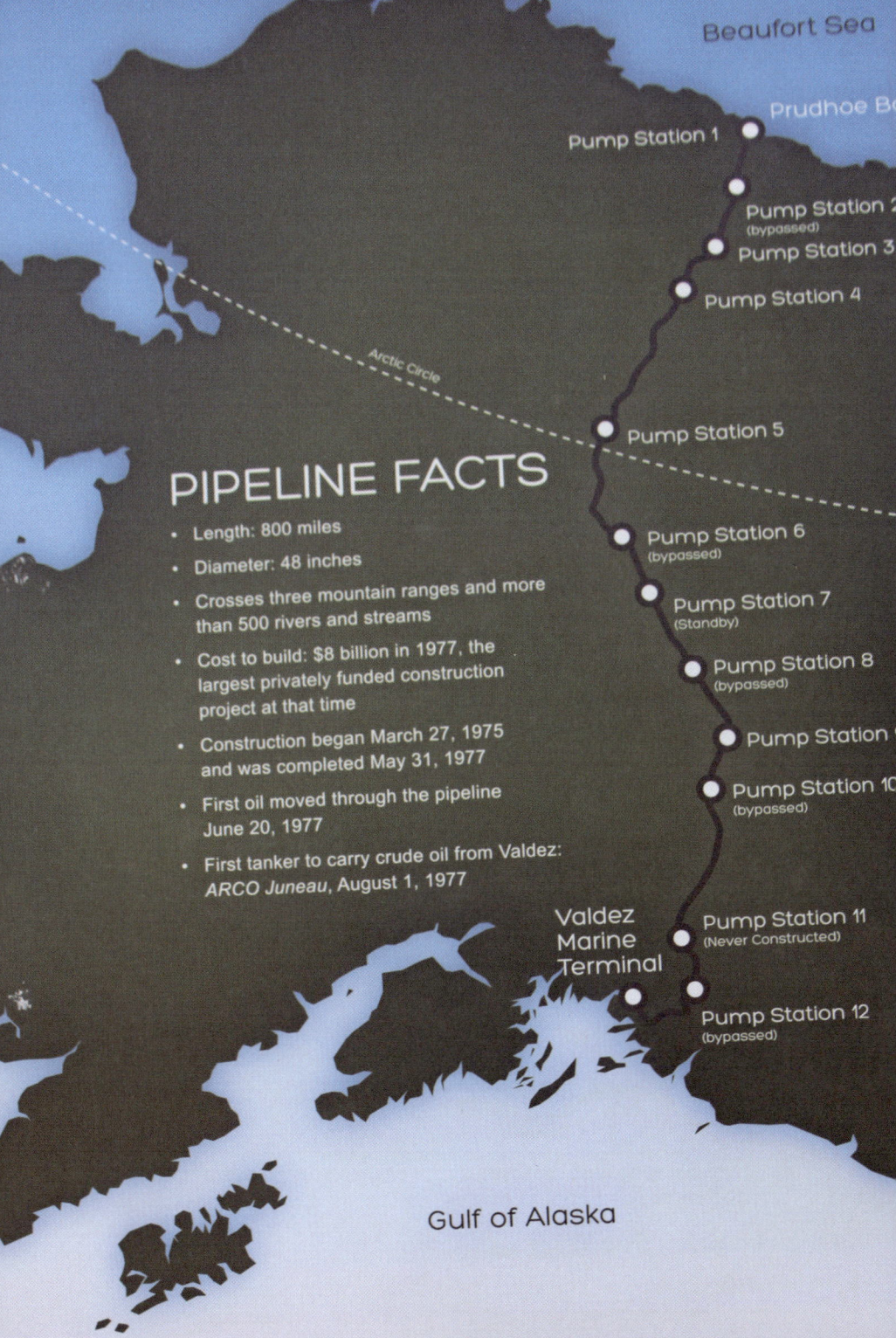

에스키모의 숨결이 느껴지는
페어뱅크스 캠퍼스

도심에서는 4차선 도로이지만 가장자리에 나지막하게 늘어선 상점과 건물 사이의 빈 공간에는 잡초들이 우거져 있어 우리의 도시 변두리와 비슷했다. 대학로를 따라 가면 대학이 나오겠지 했는데 그게 아니었다. 한 상점에 들러 대학박물관 가는 길을 물어보았다. 알고보니 알래스카대학교 페어뱅크스 캠퍼스는 숙소에서 얼마 안 떨어진 시내 변두리에 있었다.

대학으로 가는 길과 그 주변도로는 새 길이 나 있었다. 대학은 높은 지대에 위치해 있었다. 커브 길을 몇 번 돌아 간 길 끝에 대학 캠퍼스가 있었다. 캠퍼스는 방학기간 중이어서인지 조용했다. 건물 현관문을 밀치고 들어가 보니 건물 안이 깨끗했다. 얼렁뚱땅 지은 그런 건물이 아녀 보였다. 현관 입구에는 담배꽁초와 침을 뱉은 자국이 없었다. 그래서 건물 앞에서 눈살을 찌푸릴 이유가 없으니 자연 기분이 상쾌했다. 대학이면 이런 정도는 되어야지 하면서 박물관을 찾기 위해 옆 건물로 옮겨 갔다.

캠퍼스는 절제된 디자인의 공고판이 있어서 오고가는 사람에게 깔끔함으로 다가가 왔다.

　그런데 이곳에는 나부끼는 플래카드가 없어 획일적인 견해 대신에 사색의 공간으로 흘러가고 있었다. 그래 한층 평화로워 보였고 학생은 상아탑의 깃발 아래 자기 일에 몰두하는 모습이 보기 좋았다. 도서관에 앉아서 눈이 뚫어지도록 책을 들여다보는 학생들, 연구실에는 연구에 골몰하고 있는 교수들, 조화로워 보였다.

　건물이 많아 어느 건물이 박물관인지 몰라 학생인 듯해 보이는 젊은이에게 물어보았다. 박물관은 다른 빌딩에 비해 캠퍼스 가장자리에 자리 잡고 있었다. 미국의 대학이 다 그렇지만 특히 박물관은 예술적으로 지으려는 흔적에다 깨끗하면서도 깔끔하게 정리된 잔디가 캠퍼스의 정취를 한없이 더해주었다. 그렇지만 캠퍼스에는 전통과 역사가 깃들어 보이게 하는 우거진 나무나 특별히 오래된 건물은 없었다.

　한때 애지중지 기르던 소를 팔아 대학 등록금을 내고 대학은 이 돈으로 빌딩을 지었다는 의미에서 대학 건물을 우골탑이라 부른 적이 있었다. 시골에서 유학 온 학생들은 이 우골탑을 보면서 아버지 어머니의 한 서린 눈물을 보고 가정교사로 학비를 마련해 가며 공부를 했다. 옷이라는 것이 유행이 있는지 없는지 알 시간도 없이 4년이라는 세월 동안은 부모가 원하는 것을 성취하기 위해서 노력을 해야 했다.

　이런 학부모와 학생을 의식해서인지 이곳 대학의 건물은 아늑한 분위기가 감돌도록 나지막하게 지었다. 학생은 배우러 왔다는 자기표현의 하나로 짧은 바지 대신에 유행에 별 관심없는 듯 한 가지 모양의 청바지만을 입고 캠퍼스를 드나드는 모습이 신선한 충격으로 다가왔다.

우리의 대학은 취업이라는 그림자의 망령이 캠퍼스에 그늘져 있는 것에 비하면 이곳 대학에는 창의성의 발걸음이 활기차게 뻗어나가는 듯 보였다. 이 대학은 사회와 소통하기 위해서 문을 활짝 열어 놓았다. 입장료를 받기는 하지만 대학의 시설을 일반인에게 자신 있게 개방할 정도라면 내실이 상당한 수준에 이른 것이 아닌가 하는 생각도 들었다.

박물관 안으로 들어가 보았다. 기증품도 있지만 대학 자체에서 모은 유물들도 많았다. 대개가 원시 석기, 조각품, 화살촉, 목공예 유물과 빙하시대의 화석, 에스키모의 삶과 변천과정, 금광에 얽힌 사연, 석유 파이프라인의 모형, 러시아 시대에 살았던 러시아인의 생활상에 대한 형상과 알래스카 동물, 조류와 북극광에 대한 정보가 전시되어 있었

다. 대학에 이런 시설을 갖춘 박물관이 있다는 사실과 이 수익금은 대학 발전에 필요한 기금으로 충당할 수 있다는 것에 놀랐다.

　이런 대학 시설도 페어뱅크스의 관광 코스의 하나로 잡혀 있었다. 관광객들은 추운 지방에서 사는 사람들, 'The North' 문화에 관심을 많이 보였다.

　박물관에는 몇 점이 전시되어 있느냐고 직원에게 물어보았지만 그들은 알지 못했다. 유물을 주기적으로 바꿔 전시하기 때문에 지금 얼마만큼의 유물이 디스플레이 되어 있는지 확실히 알지 못하는 듯했다. 박물관을 둘러보니 문명의 이기를 받기 전에 여기에 주로 살았던 에스키모의 생활상을 대략이지만 어느 정도 알 수 있었다. 그리고 극한의 상황에서 인간이 산다는 것은 그리 쉽지 않음도 알 수 있었다. 농사를 지을 수 없는 동토의 시간들에는 강이나 바다에 풍부한 연어, 물개, 고래나 곰으로부터 삶에 필요한 에너지를 공급받았다. 북방에 사는 사람들의 예술 세계의 일부를 엿볼 수 있는 산, 강, 바다와 야생 동물을 소재로 한 그림 작품이 마음에 와 닿았다.

그 다음으로 대학식물원에 갔다. 안내책자에 표기된 이름과 실제 간판이 달라 식물원을 찾는데 한참 걸렸다. 물어물어 식물원을 찾아갔다. 식물원 입장료는 3달러였다. 규모가 작을 뿐만 아니라 제철이 아니어서인지 밖에서 보아도 식물원에는 꽃이 기대 이상 많아 보이지 않았다. 그냥 울타리 너머에서 훑어보았다. 식물원에 대해 부품하게 안내받은 것에 비하면 좀 초라해 보였다.

모래에서 금을 찾다

페어뱅크스 다운타운에서 얼마 되지 않은 곳에 온천이 있다. 이 지역에서는 꽤 유명하다고 한다. 그러나 준비해 온 것도 없고 실제 온천에 들어가 몸을 담그고 나오는 것 정도는 성이 차지 않을 것 같았다. 여기에다 한국에 비해 열악하다는 주변의 말도 있고 해서 그냥 눈 찔끔 감고 지나쳤다.

그래서 금 광구 #8 Gold Dredge No.8로 직행했다. 금값이 올라감에 따라 관광객들은 금에 대한 흥미를 가지게 되었다. 이런 심리를 이용해 사금을 얻는 과정을 재연하는 코스를 관광자원으로 개발해 놓았다.

그런데 금광으로 가는 길은 안내 표시가 제대로 되어 있지 않아 입구로 들어가는 길이 좀 헷갈렸다. 어떻게 가다보니 지나쳤다 싶었다. 그래 차를 돌려 관광버스를 뒤따라갔다. 얼마 안가 광활한 모래사장 같은 비포장 주차장이 나왔다. 주차장에는 많은 관광버스들이 이미 열을 맞추어 서 있었다. 표를 서둘러 끊고 입장했다. 안에는 언제 왔는지 많은 사람들이 삼삼오오 짝을 지어 이야기를 나누고 있었다. 대개는 가족단위였다. 그 사람들 틈에 끼어 그들의 행동거지를 보면서

그 다음 순서가 무엇인지 궁금해 주위를 살펴보았다.

조금 있으니 금광 측 가이드가 나와 금광의 역사와 사금이 얻어지는 과정을 죽 설명해 주었다. 30분을 훌쩍 넘는 긴 시간동안 설명을 하니 사람들은 집중을 하지 않고 딴전을 피워가며 자기들끼리 이야기를 나누었다. 아이들도 자기들끼리 장난을 치고 있었다. 그래도 설명할 게 남아 있는지 한참을 더 이어갔다.

이런 설명이 끝나고는 조그만 역사로 이동했다. 눈으로 보아도 객차의 칸 수가 많이 달렸구나 할 정도로 꼬마 열차는 레일 위에 꼬리에 꼬리를 물고 서 있었다. 의자 하나에 두 사람씩 앉도록 되어 있었다. 우리 부부는 제일 앞 칸 앞쪽에 앉았다. 제일 앞자리 높은 곳에

는 나이가 제법 들어 보이는 할아버지가 낡아 보이는 바이올린을 신들린 듯 켜고 있었다. 그러다가 노래 한 곡조 뽑아들었다. 혼을 빼고 불러서인지 신들린 듯 몸을 좌우로 앞뒤로 흔들어가며 불렀다. 사람들은 차가 출발하는 동안 음악에 젖어 있었다. 이젠 기관차가 그 옛날에 들었던 기적소리를 내면서 느릿느릿 앞으로 향해 갔다.

  제일 먼저 보여 주는 것은 모래를 채취하는 장면과 채취한 모래에 물을 부어 사금이 있는지를 확인하는 과정이다. 그렇게 해서 사금이 있다는 것이 확인되면 채굴장까지 줄을 타고 온 용기에 모래를 담아 다시 사금 선별장으로 보낸다. 그 장면을 보여 주고 나서 열차가 천천히 움직였다.

그 다음에는 조금 더 과학적이고 구조화된 시설에서 모래를 쌀 일 듯 하여 떠내려 보내고 밀도가 큰 사금만을 골라내는 장면을 보여 주었다. 이 원리를 이해시켜주기 위해서 사람의 손으로 쌀을 이는 방법과 같은 방법으로 모래를 일어 사금만을 선별해내는 방법을 시연해 보여 주었다.

이런 과정을 보여 주고는 열차는 큰 건물 앞 정거장에 세웠다. 그곳에서 내려 건물 안에 들어가기 전에 조그만 자루를 하나씩 들려주었다. 자루를 들고 긴 싱크대같이 생긴 작업대에 마주 앉았다. 작업대 사이에는 물이 담겨있었다. 자루에 담긴 모래를 대야에 붓고 쌀을 일듯 모래를 걸러냈다. 비중이 큰 것은 대야에 남고 가벼운 것은 물에 쓸려나갔다. 조금 큰 돌은 손으로 골라냈다.

노란 얇은 조각이 눈에 띠기 시작했다. 얼마 안 되지만 이게 금이었다. 채취한 금이 얼마의 가치가 있는지를 계산해 주는 곳이 있었다. 그곳에 가서 금값을 계산해 보니 10달러어치였다. 이렇게 해서 입장료의 반을 건졌다. 채취한 금은 가공비를 받고 목걸이 같은 기념품을 만들어 주기도 했다.

이런 체험을 시키고는 한 시간 정도 이곳에 더 머물면서 휴식을 취하라고 했다. 휴식 공간은 아주 넓었는데 여기에는 금을 소재로 한 기념품, 알래스카 로고가 박힌 티셔츠, 자석이 달린 로고, 뜨거운 냄비 받침대가 진열되어 있었다. 아이 쇼핑을 하는 것도 지루했다. 앉아 기다리다 지친 사람은 쇼핑이라도 해보자 하는 생각에 자리에서 일어나 기념품을 사기도 했다.

한 아주머니는 다가와,

"쿠키, 커피, 프리"

하면서 친절하게 안내해 주었다. 쿠키를 조금 입에 부셔 넣고 커피를 한 모금 마셨다. 가뜩이나 목이 마르고 칼칼했는데 커피 한 잔에 몸에 생기가 돌기 시작했다. 커피를 마시고 나니 나른하던 몸이 무슨 각성제라도 먹은 듯 정신이 한층 맑아져 왔다. 쿠키 맛에 끌려 나중에

한 번 더 가보았지만 쿠키는 그 자리에 더 이상 없었다.

알고 보니 이 안에 온 사람들의 호주머니를 열게 하는 상술이었다. 많은 사람들이 나른해 건물 밖 의자에 앉아 쉬는 바람에 가게 안이 한산해지자 쿠키와 커피를 내놓아 사람들을 안으로 다시 끌어들인 것이다. 쿠키와 커피에는 이곳에 들어온 이상 한 번 더 기념품에 관심을 가져달라는 메시지가 담겨 있었다.

이곳은 입장료로 돈 벌고 기념품을 팔아 수입을 올렸다.

열차가 들어왔다. 관광객들의 손에는 모래주머니가 하나씩 들려 있었다. 우리는 이 객차가 비어지기를 기다렸다가 빈자리를 골라 탔다. 바이올린의 그윽한 향기가 귓전에 다가왔다.

열차는 나지막한 키의 나무숲과 웅덩이, 모래더미, 강물을 옆에 끼고 돌았다. 경치는 환상적이지는 않았지만 마음의 피로를 덜어주기에 충분했다.

산타클로스의 고장, 노스 폴

페어뱅크스에서 얼마 떨어지지 않은 곳에 있는 노스 폴^{North Pole} 시에 들리기로 했다. 여기에는 산타클로스 하우스가 있다. 노스 폴은 처음에는 북극이라는 의미로만 생각했다. 그래 그 의미가 무엇인지를 주민에게 알아보았다. 물론 여기서는 북극의 의미가 아니라 그냥 도시 이름이었다. 얼마 안 가 다른 곳에 비해 조금 더 커 보이는 마을 노스 폴이 나타났다.

노스 폴은 크리스마스 시즌에 타운 전체가 서로 축하해 주는 그런 분위기의 도시로 잘 알려져 있다. 산타클로스 거리와 성 니콜라스 로드를 지나 마을에 들어섰다. 그러나 산타클로스 하우스는 보이지 않았다. 그렇다고 동네 초입에 어떤 안내도 없었다. 조그만 시내지만 한 바퀴 돌아도 찾을 수가 없었다. 교회에서 나오는 할머니에게 물어보았다. 산타클로스 하우스로 가는 길을 물었다.

"직진하다 오른 쪽으로 가세요. 그러면 나올 겁니다."

"인구는 얼마나 되나요?"

할머니는 말해주었다.

"시는 4.1제곱 마일이고 인구는 2천 명이 삽니다. 학생이 2천 명이 넘는데 이것은 노스 폴뿐만 아니라 인근 지역에 3만 명이 넘게 사는 데 그곳에서 와서 그렇습니다."

그렇게 말하면서도 얼굴 표정은 달갑지 않다는 듯했다. 보통 길을 물으면 제스처를 해가며 일러주는데, 크리스마스 시즌도 아닌데 그것도 동양 사람이 뜬금없이 산타클로스 하우스를 찾는다는 것이 좀 의아하다는 듯 고개를 갸우뚱했다. 처음에는 이런 태도가 좀 언짢았다. 다른 사람들은 못 물어주어서 안달이 난 듯 열정적으로 길을 안내해 주는데 왜 그러지……

이곳은 산타클로스의 발상지가 아닌가, 사람의 발길이 뜸한 것이 좀 이상한데…….

이상야릇한 마음을 가지고 산타클로스 하우스를 찾아갔다. 건물이 온통 산타클로스를 그려 놓고 동상도 하이웨이에서 잘 볼 수 있도록 크게 세워 놓았다. 우리 안에는 사슴이 달랑 한 마리만이 먹이를 먹고 있었다. 산타가 많이 그려진 건물에 관심을 갖고 뭐나 되는가 싶어 사진을 열심히 찍고 안으로 들어가 보았다. 그곳에는 산타클로스의 각기 다른 표정의 모습을 형상화한 인형이 선물용 상품으로 진

열되어 있었다. 그 안에서 관광객이 보아야 할 산타클로스 하우스의 유래라든가 역사적인 내용이나 어떤 유물도 진열되어 있지 않았다. 여름 시즌이라 그런지 건물에 산타만 덜렁 그려져 있으니 관광지란 말에 회의를 느끼기도 했다. 사실 관광할 만한 내용이 없었다. 하기야 이곳에는 특별히 내세울 만한 관광 자원이 없으니 이런 거라도 내놓으면 어떨까, 하는 생각에서 내놓은 듯했다. 그러나 걸음이 바쁜 사람의 발을 묶어 두는 일은 좀 생각해 볼 일이라 생각했다. 아니면 관광자원의 기준이 관광하는 사람과 현지 사람들과 달라서인가. 아무튼 여행하는 동안 마음이 좀 찜찜했다.

　다른 한 건물은 넓은 마당에 잔디가 깔려 있었다. 이 집은 성수기가 아니어서인지 아예 '상업적'이라는 의미를 가진 '커머셜'이라는 문구를 써 붙여 놓았다. 이곳은 장사하는 곳이구나, 하는 생각에 별 관심이 가지 않았다.

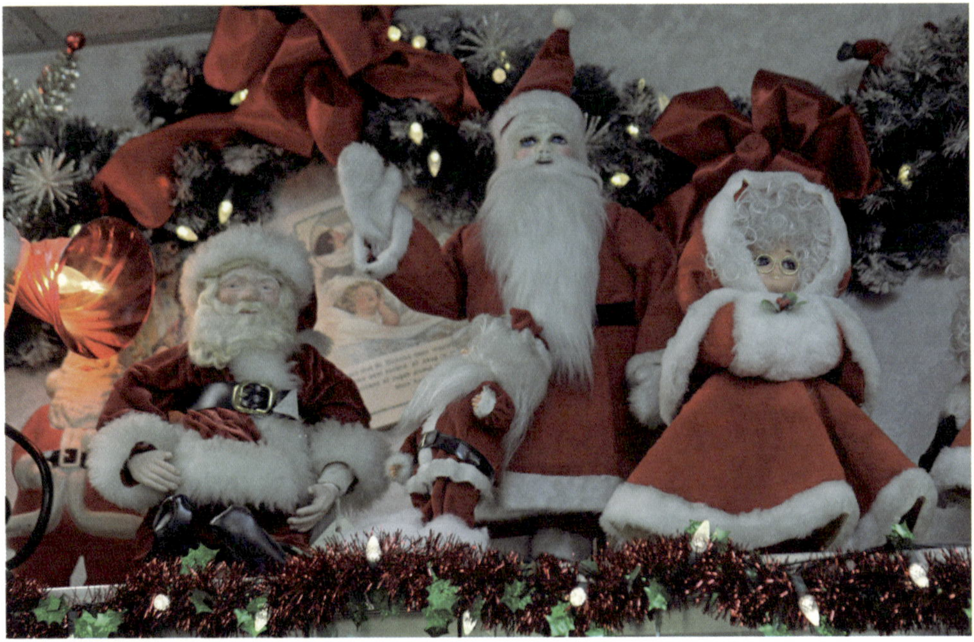

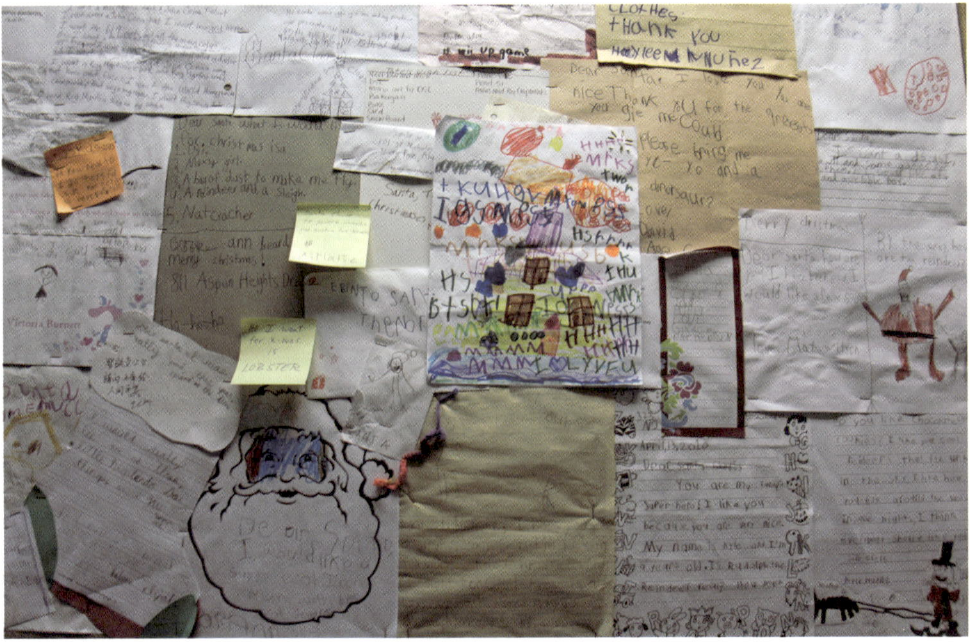

 D+6

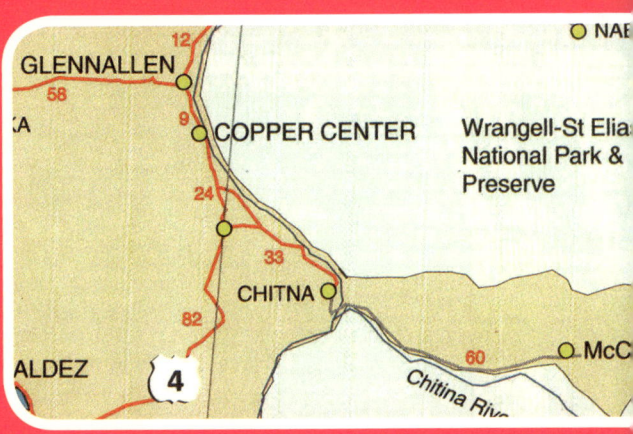

동서남북의 갈래길, 글렌낼런

노스 폴에서 글렌낼런까지 가는 길에 있는 팩슨은 갈림길이 있는 제법 교통량이 많은 휴게소인데도 주유소도 장사를 하지 않은지 오래 되어 보였다. 빈집이 많았고 집이 있어도 손님들이 뜸하게 머물러서인지 주차장에는 잡초가 많이 나 있었다. 어떤 곳은 동네 자체가 어수선하여 우리로 말하자면 전설의 고향 같은 드라마에서나 나올 법한 으스스한 곳이었다. 가뜩이나 차의 왕래가 뜸해 어느 누구의 도움을 받을 수 없는 저녁시간대 쯤에는 두려움이 더해갔다. 그래 오후 늦은 시간대에는 차가 펑크가 난다든가, 고장이 나 갑자기 선다든지 하는 가능성을 염두에 두고 운전을 해야 했다.

한번은 로스앤젤레스 부근 고속도로에서 타이어가 펑크 나 곤욕을 치른 적이 있었다. 그때는 도시인데다가 러시아워인 아침시간대라 때마침 순찰을 돌고 있던 경찰관의 도움으로 어려움을 해결했지만 여기 알래스카는 집까지 드문드문 있어서 이런 도움을 받기가 쉽지 않아 보였다. 그리고 여름이라고는 하지만 해질녘에는 날씨가 제법 싸늘해 언제 닥칠지도 모르는 위급상황에 대비한다는 것은 극히 당연한 일이다. 예를 들면 추위와 배고픔을 대비해 옷이나 음식물을 넉넉하게 준비한다든지 차에 연료를 가득 채우는 것 등이다. 대개 앞 타이어는 그런대로 새것이지만 뒤 타이어는 많이 닳은 것을 장착하는 경우가 많다. 우리 부부가 타고 있는 렌터카 역시 예외가 아니었다.

이런 생각과 경치가 엇갈려가며 시야를 넘나드는 동안에 글렌낼런에 도착했다. 이곳은 앵커리지와 밸디즈로 가는 길의 갈림길이었다. 이곳에는 주유소도 있고 상점들도 몇 개 있었다. 그 주위에는 관광안내소도 있었지만 조금 늦은 시간이라 문이 닫혀 있었다.

무엇을 안내받고 싶어도 마땅히 물어 볼 곳이 없었다. 그래 여행객에게 물어보았다.

"랭겔-세인트일라이어스 국립공원은 어떻게 가야 하나요?"

그는 잠시 망설였다.

"카퍼 센터에 가야 관광안내소가 있습니다. 그런데 지금 이 시간에 거기까지 가기는 무리이고 관광안내소도 문을 닫았을 겁니다. 여기에서 자고 가는 것이 나을 것 같네요."

그런데 주위에는 여관이 보이지 않았다.

"여관이 어디에 있습니까?"

그 사람도 RV를 몰고 왔으니 똑같은 관광객이었다. 그래도 답답해서 물어본 것이다.

"여기에서 1마일쯤 왼쪽으로 가면 여관이 있습니다."

그 말을 듣고 나니 조금은 안심이 되었다. 1마일쯤이야 지척이 아닌가.

"대단히 고맙습니다."

하고는 인사를 나누었다. 그의 딸인 듯해 보이는 아가씨는 정신지체가 있어 보였다. 이렇게 친절한 사람에게 아픔이 있다는 것을 생각하니 마음이 씁쓸했다. 그의 말대로 가보니 정말 여관 하나가 주유소, 식당, 슈퍼마켓과 함께 널따랗게 자리 잡고 있었다.

"빈 방이 있습니까?"

"예, 있습니다."

사실 방값이 문제였다. 가능하면 싼 방을 원했다.

"하룻밤 묵어가는데 얼마입니까?"

대개는 숙박료가 비쌌다. 모텔인데도, 그리고 시설이 시원찮은데도 방값은 150달러라고 한다.

휘티어에는 식당과 여관을 겸하는 곳이 있었는데 대개가 모텔로 아침식사를 제공하지 않으면서도 가격은 130달러 내지 170달러로 시설까지 함께 따져보면 미국 본토보다 배 이상 비쌌다. 사실 5월 중순에 관광객이 찾아오기 시작해 9월 중

순이면 장사를 끝내다시피 해야 하는 한 철 장사이다 보니 어쩔 수 없어 보였다. 아주 비싼 곳이나 아주 싼 곳은 예약을 하지 않고 가도 묵을 수 있는 방은 항상 있었다.

그래 항상 말하는 것이,

"싼 방 있습니까?"

하루 이틀 여행하는 것도 아니고 방값에서 20, 30달러 정도는 아껴야 했다. 방이 비싸면 더 가서라도 싼 방을 얻어야 했다. 여름의 알라스카는 10시나 되어야 약간 어스름할 정도다. 차를 운전해 더 가는 것은 밤이라 해도 짙게 흐린 날 정도이니 별문제가 되지 않았다. 그래 일단 물어보았다.

"보다 싼 방이 있습니까?"

조금 기다리라고 하더니 119달러짜리 방이 있다고 했다. 이 방에 묵기로 했다. 그런데 이 방에는 커피포트도 전자레인지도 없었다. 컵라면에 부을 물조차도 끓일 수 없는 열악한 조건이었다. 도시 같으면 음식이 좋고 나쁨을 떠나 아침식사 정도

는 여관비에 포함되어 있는데 시골은 숙박비는 훨씬 비싸면서 커피포트조차 없었다. 프런트에 가서

"뜨거운 물 있습니까? 좀 필요한데요."

"없는데요. 여기에 있는 커피포트에 데우면 됩니다."

그러면서 물을 대형 커피포트에 올려놓아주었다. 그런데 이십 분이 지나도, 삼십 분이 지나도 물은 미지근했다. 방안에 들어가 조금 있다 나와 보니 그나마 누군가가 가져가 버렸다. 여기 커피포트에 올려놓은 물 누가 가져갔습니까 하고 웨이터에게 물의 행방을 물어보았다.

　이제는 마이크로웨이브로 데우면 어떠냐며 그릇을 가져와 데워 주었다. 이 물을 컵라면에 부어 넣고 조금 기다렸다. 그렇게 저녁 식사를 마치고 하루 종일 운전하느라 쌓인 피로를 달랬다. 내일의 일정을 맞추어가며 지도 위에 그림을 그려 나갔다. 이제 여유가 생겨 밖을 내다보니 주위에는 헌 자동차들과 굴착기들이 녹슨 채로 나뒹굴고 있었다.
　엊저녁 페어뱅크스의 추억을 뒤로하고 내일의 새로운 모습의 풍경을 보는 것에 대한 기대를 걸고 깊은 잠에 빠져들었다.

RV

　누룽지를 입에 우물거려가며 해를 안고 길을 떠났다. 우선 카퍼 센터에 있는 랭겔-세인트일라이어스 국립공원 안내소로 가기로 했다. 글렌낼런에서 카퍼 센터까지 9마일 정도 떨어졌으니 그리 먼 길은 아니었다. 이정표에 표기된 거리는 마일로 되어 있었다. 킬로미터의 개념으로 길들여져 있어서 그런지 가는 길이 마디게 느껴졌다.
　그런 생각을 하는 사이 카퍼 센터에 도착했다. 그곳의 안내소에는 수목관리를 겸하는 곳인지, 아니면 겨울에 폭설이 내릴 때를 대비해서인지, 장비들과 창고들이 널려 있었다. 센터 주위 곳곳에는 진입을 하지 말라는 팻말이 붙어 있었다. 다른 곳과는 달리 아침 일찍 인데도 10여 명의 인부들이 잔디 정리와 길 양가의 화단을 다듬고 있었다.
　안내소의 크기에 비해 관광안내 자료가 극히 빈약했고 안내원의 안내 내용도 거의 없었다. 관광안내라는 것이 자세한 정보는 치티나에 있는 관광안내소에 가서 안내를 받으라는 내용이 전부였다. 이런 면에서 본다면 아마도 이곳은 동절기를 대비해 있는 안내소 같아 보였다.

　공원 가는 길에는 북쪽 지방과는 달리 빙하로 덮여 있는 산들이 햇살에 새하얗게 반짝였다. 짙푸른 가문비나무 가로수 길이 싫증이 날 만하면 강물이 흘러주고 멀리에는 산의 빙하가 풍경에 변화를 주어가면서 길잡이 노릇을 해주는 것이 신선하게 다가왔다.

　사진을 찍을만한 곳에서는 차에서 내려 장시간 운전에 피곤해진 몸을 맑은 공기로 달래는 사람도 있었다. RV로 여행을 다니는 한 여행객에게 물어보았다.

　"어디에서 오셨습니까?"

　그들은 캐나다에서 왔다고 했다.

　RV로 여행을 하면 방 걱정 안 해서 좋겠다고 말해 주었다. 사실 여행을 하면서 잠자리 걱정하지 않는 것만 해도 여행의 짐 반쯤을 더는 셈이다. 여기에다 직접 조리까지 해서 끼니까지 때울 수 있다면 여행지 어디를 가든지 간에 큰 어려움이 없을 거라는 생각이 들었다. 그래 몇 명이 잘 수 있느냐고 물어보았다.

　"한번 보여 줄까요. 침대가 두 개, 식탁, 조리대, 냉장고, 탈의실, 욕실, 물탱크가 있고요, 식탁은 필요에 따라 넓게 펴 침대로도 바꿀 수가 있습니다."

　생각보다 생활하는데 불편함이 없을 정도로 넓은 공간이었다. 말 그대로 이동식 집이었다. 대개의 RV 여행객은 나이가 들어 보이는 노부부가 대부분이었다. 직장을 퇴임하고 밥벌이와 자식 교육 때문에 긴 여행을 하지 못했던 부부가 노년에 이동식 하우스인 RV를 빌려 타고 발길 닿는 대로 떠나는 재미를 보고 있었다. 그간 수북하게 마음에 담아두었던 힘든 기억들을 버려서인지 그 부부는 해맑은 웃음을 지으며 말을 이어갔다.

　노부부는 경치를 보아야 하는 뷰포인트에 와서는 사진을 여러 번 찍고는 이동식 하우스에 들어갔다. 커피 한 잔 마시면서 눈앞에 잡힐 듯 말 듯 은근하게 보이는 빙산 앞 강물의 출렁임을 보고 있었다. 어떤 물이 내려가다 돌부리에 걸려 뿌옇게 부서지면 함박 웃기도 했다. 저 강물 같이 아무런 두려움 없이 내맡겨진 대로 여기까지 왔는데 이렇게 많은 세월이 흘러갔구나, 하며 시를 읊어보이기도 했다.

　"빙하 산 옆 냇가에는 물고기들이 헤엄치고 노네, 내 마음은 지느러미가 되어 세상 풍파에 살랑살랑 흔들려 가며 헤쳐나가고 있네."

노부부는 이런 풍광에 담긴 자신의 사연을 머릿속에 새기면서 인생의 마지막 장을 어떻게 꾸며나가는 것이 우아하게 산다고 할까 사색에 골몰해하고 있었다.
　비록 작은 무빙 하우스 안이지만 마음만은 그 어느 것 못지않게 넓어 여정에 담긴 의미를 모두 각인해나가기에 충분해 보였다.
　낯선 동양인에게도 친절을 베풀고, 하기야 돈도 안 드는데 따뜻한 말 한 마디, 관심의 눈빛만을 보내주면 되는데, 그러려면 내 맘도 흐뭇해지는데, 그걸 마다할 이유가 있을까. 이 노인은 자기의 미소로 사람들을 즐겁게 해 주는 방법을 이미 터득해 알고 있었다.
　낭만으로 여행을 하는 그들 노부부, 참으로 부러웠다. 낯선 곳에 가서도 정을 붙이고 살면 고향인데, 하는 생각으로 걱정이 없이 사는

사람같이 보였다. 어찌되었든 노부부는 자연의 나그네 그 이상도 그 이하도 아닌데, 그리고 정 주고 사는 곳이 고향인데, 하면서 걱정을 지우는 용단을 내리고 있었다. 그렇게 해 생겨난 여백에는 급함이 필요 없는 여유를 채워넣고 있었다.

한번은 우리의 봉고 정도 크기만한 차에서 나이 많은 두 할머니가 들랑거렸다. 밥을 해먹고 있었다. 이들에게 다가가 어디에서 왔느냐고 물어보았다.

"퀘벡에서 왔습니다."

"아, 캐나다요. 무빙 하우스가 맘에 드는데요."

하니까 차문을 열어 보여 주었다. 의자를 재끼니까 둘이 잘 만한 침대가 생겨났다. 한쪽에는 냉장고가 있었고 서랍장을 꺼내니 조리대가 생겨났다. 옷장도 있었다. 좀 크기는 작지만 있을만한 것은 다 있었다. 지붕이 낮다 싶으니 차 천정을 번쩍 들어 올리니 서서 마음대로 움직일 수 있는 높이가 되었다. 요술보따리를 풀어 놓는 것 같았다.

할머니들은 영어는 잘 모르지만 생활방식이 같으니 아무런 불편 없이 알래스카를 여행한다고 했다. 어쨌든 그들은 사회활동에서 은퇴하고 나면 자기 나이에 맞게 묵은 찌꺼기를 하나씩 비워나가면서 산다고 했다. 이제까지는 어쩔 수 없이 맞지 않은 옷을 입어야 했지만 지금은 그럴 필요가 없어져 맞지 않은 옷은 벗어 던지고 그 위에 여유로움이 깃든 색을 입히고 있다고 했다.

퀘벡에서 온 할머니들과 같이 소형 RV를 타고 기름 값 걱정 없이 여행하는 것이 좋아 보였다. 조그마해도 있어야할 것 다 있고 잠자리에 이동에 걱정이 없는 이런 무빙 하우스는 울적할 때 정처 없이 여행을 떠날 수 있다는 생각에 좋아보였다.

북미는 역사가 얼마 안 되어 볼 만한 역사유물이 없다. 그러므로 북미 여행은 조물주가 선물해 준 때 묻지 않은 자연과 함께 호흡하면서 그간의 인생여정을 스스로 음미해가는 정도로 만족해야 한다. 조금 더 욕심을 부린다면 자연이 만들어 놓은 알래스카 작품에 자기 색깔을 입혀보는 것이다.

알래스카는 RV 옆에 장작불을 지펴놓고 나지막한 의자에 빙 둘러앉아 평소 간과했던 가족이야기를 나누면서 자연과 호흡할 수 있도록 자리를 내어주기도 한다.

또한 낚시를 즐겨가면서, 자전거로 해안가를 질주하면서, 마지막 장이 될지 모르는 인생 계획을 세워 보게도 한다. 비록 같은 일을 하며 살지라도 역지사지易地思之하는 마음으로 삶의 패러다임을 바꾸는 시도도 해보게 한다. 이런 면에서 알래스카는 삶의 변환기를 맞은 우리 부부 같은 가족에게 알맞은 여행지라는 생각이 든다.

랭겔-세인트일라이어스 국립공원 문턱에서 발길을 돌리다

카퍼 센터에서 하이웨이를 타고 남쪽으로 한참을 달리니 치티나가 나왔다. 치티나는 랭겔-세인트일라이어스 국립공원을 들어가는 입구였다. 이곳에 오면 국립공원을 쉽게 관광할 수 있을 거라고 생각했다. 그러나 그 생각은 빗나갔다. 그런데 지금 와서 어쩌겠는가.

랭겔-세인트일라이어스 국립공원은 글렌낼런에서 밸디즈로 가는 리처드선 하이웨이의 왼쪽에 있다. 글렌낼런에서부터 하이웨이를 두어 시간 달려도 빙하로 덮인 산이 시야에서 떠나지 않았다. 카퍼 밸리에 들어서니 이들 산봉우리는 더욱 선명하게 드러났다. 글렌낼런에서 관광객이 관심을 가질 만한 산은 샌퍼드(16,237피트), 드럼(12,010피트), 랭겔(14,163피트), 블랙번(16,390피트) 등 네 개였다.

이들 네 산은 글렌낼런 어디에서도 잘 볼 수 있을 만큼 높다. 그리고 미국에서 두 번째로 높은 1만 8008피트 높이의 세인트일라이어스도 보인다. 이 산 이외에도 미국에서 가장 높은 산 16개 중 8개가 이 공원 안에서 자리 잡고 있다.

랭겔-세인트일라이어스 국립공원의 크기는 메릴랜드Maryland와 버몬

트Vermont 주를 합친 면적보다 넓다는 점과 매년 찾아오는 방문객, 6천 명이 동시에 입장해도 개개인이 220에이커를 차지할 정도로 넓은데 25%가 얼음으로 덮여 있는 것이 특이했다.

랭겔-세인트일라이어스 국립공원의 면적 1320만 에이커 중 천만 에이커가 자연 그대로 남아 있다. 이 공원은 넓은 데도 들어가는 길은 59마일의 매카시MaCarthy 로드와 42마일의 나베스나Nabesna 로드만이 있을 뿐이다. 두 도로마저 자갈로 뒤덮어 있어 관광을 하려면 울퉁불퉁한 길을 조심스레 가야 한다. 이런 위험을 무릅쓰고 이 길을 따라 투어를 한다면 믿기지 않을 정도의 풍경이 시야에 펼쳐질 거라고 관광안내소 할아버지는 강조한다. 이 길은 낭떠러지에다 돌조각들이 길바닥에 뾰족뾰족 솟아올라 있어 위험하기는 하지만 관광하고 싶은 마음을 저버릴 수가 없었다.

가이드 할아버지는 공원에 대해 침이 마르도록 자랑해 놓고는 언제 비가 올지 모르는 곳인 데다가 비가 내리면 노면이 미끄러워 승용차로 관광하는 것은 삼가야 한다고 엄포를 놓았다. 그래도 가고 싶다면 좋은 스페어 타이어를 준비하고서 아주 느리게 운전해야 한다는 주의도 주었다.

이런 여러 가지 위험요소 때문에 글렌낼런에서부터 국립공원까지 셔틀버스를 운행한다고 했다.

그래도 공원 안에 들어가고 싶다고 했더니 들어가서 되돌아오려 해도 차를 되돌릴만한 공간을 찾기가 쉽지 않다면서 호주에서 온 여행객과 미국 펜실베이니아에서 온 여행객이 극구 말렸다.

　호주에서 온 여행객은 250달러를 주고 비행기로 국립공원을 관광했다고 했다. 아름답더냐고 물어보았더니 그저 그렇다며 신통한 답을 주지 않았다. 그래 추천할 수 있느냐고 물었더니 별로라고.
　사실 버스 투어를 해보려했지만 지금은 버스가 없다고 했다. 하루를 기다렸다가 시간에 맞추어 버스를 타야하는데 하루를 묵을 모텔도 없고 그럴 만한 시간 또한 없었다.

안내소의 안내원은 할아버지라 그런지 안내를 조리 있게 체계적으로 해 주지는 못했다. 그래도 그 할아버지는 한 가지라도 더 알려 주려고 친절하게 설명해 주었다.

세월의 흔적이 담겨 있는 듯 보이는 이 건물(1910년대 지음)에는 치티나의 희로애락 역사가 담겨 있었다. 여기에 안내소 안쪽 벽에 붙어있는 낡은 흑백사진은 그 흔적의 깊이를 더해 주었다. 사진 한 장 한 장에는 100년 전 치티나가 어떠했는가의 이야기를 담고 있었다. 할아버지는 그때의 집과 지금의 집을 하나하나 짚어가며 설명을 해주었다. 그때나 지금이나 치티나의 모습은 거의 같아 보였다. 쉽게 말해 하나도 발전하지 않은 상태로 정지되어 있어 보였다. 그때가 차라리 더 부유한 마을 같았다. 그때는 연어와 구리가 있어 돈을 만질 수 있었지만 지금은 그런 활동이 없어 가난한 마을로 전락해 있었다. 이 안내소마저 없었다면 이 마을은 적막하다 못해 유령이 나올 듯해 보였다.

동네에는 돌아다니는 사람도, 문을 열어 놓은 상가도 없었다. 치티나하면 지도에 표기된 것으로 보아 꽤 큰 마을인줄 알았는데 몇 가구 안 되는 조그마한 동네였다. 여기에 주차장까지 없는 것으로 보아 지금은 국립공원에 드나드는 사람도 없는 듯했다. 관광객이 많다면 공원에 들어가기 전에 연료를 채우고 들어갈 주유소가 있어야 하고 사람이 묵어갈 모텔이라도 즐비해야 할 텐데, 그런 것이 보이지 않았다.

치티나 동네 어귀의 큰 호수는 그 앞에 둘러싸인 산들의 반영을 만들었다 지웠다를 반복했다. RV를 타고 온 가족들은, 그리고 시간적으로 여유가 있는 사람들은 주위의 경관이 좋아 한나절 정도 나무그늘에서 쉬었다 갈 만한 곳이었다. 그런 가족은 여기까지 왔으니 본전이라도 뽑아야 되지 않겠느냐는 식으로 낚싯대를 호수에 드리우고 있었다. 장소를 옮겨가면서 낚싯줄을 드리우는 것을 보면 낚시도 생각만큼 잘 안 되는 듯했다. 그들이 낚시하는 것을 잠깐 보았을 뿐인데 모기가 윙윙거리며 자기 주거지를 침입했다고 경고를 몇 번 내보내더니만 오만 군데를 쏘아 부쳤다.

낡은 건물만 있는 곳에 넓은 정원과 앞에 길게 늘어진 호수를 따라 의자와 광산에서 쓰였던 것으로 보이는 물건들을 진열해 놓은 색다른 집이 보였다. 그 집 정원에 들어가 보았다. 인기척을 내도 그 집에는 사람이 없는지 큰 소리로 "헬로우"라고 불러도 아무런 답이 없었다. 건물은 "치티나 하우스"라고 되어 있었다. 자세히 살펴보니 입구 한 구석에 "빈방 있음"이라고 쓰여 있는 것으로 보아 민박집인 듯했다.

이 집에서 나와 한 50미터 떨어진 국립공원 입구로 들어섰다. 안내원이 말한 대로 들어서자 비포장에 일방통행 정도의 도로 폭이 나타났다. 그 안에서 타이어에 펑크라도 난다면 어찌할 도리가 없어 보였다. 하는 수 없이 가던 길을 포기하고 돌아나와야 했다. 아쉬움이 남아 있기는 하지만, 안내원의 말이 맞기는 맞는 모양이구나, 정말 맞는다면 여행일정 전체가 어긋날 수 있었다.

되돌아가는 길에 호주 관광객이 비행기 투어를 했다는 생각이 나서 치티나에서 한 5마일 떨어진 곳에 있는 비행장에 들렀다. 언제 이곳에 또 오겠냐는 생각에 비행기 투어를 해보겠다는 생각을 했지만 비행기 크기를 보고는 이런 생각이 싹 가시었다.

즐거운 여행은 안전하다는 믿음 위에서 이루어지기 마련인데 이에 크게 미치지 못할 것 같아 아쉽지만 차를 돌려 밸디즈로 향했다.

워싱턴 빙하 가는 길목에서

 치티나에서 카퍼 센터로 되돌아 나와 남쪽에 있는 밸디즈 부두로 향했다. 가는 동안 길거리 곳곳에는 빙하로 덮인 산들이 펼쳐져 있어 운전하는 사람의 이정표라도 되려는 듯 시선에 다가와 머뭇거렸다.
 새하얀 고깔모자를 쓴 듯해 보이는 산, 너무 추워 아무 것도 살 수 없을 텐데.
 빙하는 북쪽의 페어뱅크스에서는 볼 수 없었지만 남쪽으로 가면 갈수록 더 많이 보였다. 그래서인지 남쪽에 있는 밸디즈에 가까워질수록 긴소매 옷으로 갈아입어야 할 정도로 서늘해져 갔다. 그간 더위에 쳐졌던 몸이 바짝 오므라드는 기분이 들었다. 알래스카는 지구의 북쪽에 있어 막연하게 눈이 많고 추울 거라는 생각이 어느 정도 맞아 들어가는 것 같았다. 그런데 며칠 동안 알래스카를 여행했어도 상상의 에스키모가 사는 그런 집이라든가 눈밭을 아직까지 만나지 못했다. 아마 그런 집은 역사의 한 페이지가 되어 넘겨진지 이미 오래된 듯했다.
 빙하는 끝일 듯하다 다시 이어지곤 했다. 실 폭포의 하얀 선이 거무스름한 산에 수묵화를 그리기라도 하듯 손금마냥 죽죽 그어져 있었다. 그간 겹겹이 쌓인 눈에 눌려 있다가 이제 겨우 새로운 물줄기를 만들어 가고 있었다. 이 물줄기는 다른 물줄기와 만나면 사람의 마음까지 붙들어 놓는 정겨운 시냇물이 되곤 했다. 이런 풍경의 정기를 듬뿍 안고 차들이 뜸한 하이웨이를 달리는 기분은 가슴이 뻥 뚫려진 것처럼 마음이 한결 가벼웠다.

이런 시냇물을 따라 가다보면 덩치 큰 나무들이 시체가 되어 강바닥에 나뒹굴고 있는 장면도 보이고 어떤 곳에서는 물살이 요동칠 때 돌멩이를 이 쪽 저 쪽으로 끌고 다닌 흔적도 보였다. 가는 갈을 막으면 넘어가고 그것이 여의치 않을 땐 길을 새로 내서라도 자기 갈 길을 가는 흔적도 보였다.

빙하 물이 호수를 만들고 강을 만들며 계속 바다를 향해 흘러가기도 했다. 이런 자연의 모습을 보고 나니 내 자신이 하나의 우주이니, 그래 만물의 중심이니 큰 소리를 쳐보았자 인간은 인간이구나 하는 생각이 들었다.

그래 자기 틀에 갇힌 생각을 열린 생각으로 바꾸어 보고 싶으면 여행을 하라고 권하고 싶다. 빙하같이 굳어진 자기중심적인 생각도 이렇게 유연성과 다양성을 가진 형체로 바뀌어 감에서 여러 가지 의미를 엿볼 수가 있다.

봄 여름 가을 겨울은 자연을 입체적 모습으로 표현한다. 이에 따라 사람의 마음도 덩달아 울긋불긋하게 물들여져 울적한 마음을 치유해 준다. 이런 의미에서 알래스카 전체가 이런 사람의 평면적 사고를 입체적인 사고로 변환시켜 가면서 편협한 관념을 치료해 주는 의료적인 측면이 있어 보였다.

　알래스카는 어느 한 나라의 국립공원이 아니라 지구의 허파가 되어 세계인에게 신선한 공기를 제공해 준다. 여기에 신선한 빙하는 물을 조금씩 내어놓는다. 이런 신선함에 어린 연어까지 목숨을 걸고 수

만 리를 마다하지 않고 몰려와 산다.

　같은 풍광에 지루할 만하면 주위 경관에 옐로우, 마젠타, 시안을 적당히 섞어 튀지 않을 만큼만 살큼이 입혀 적당히 볼륨감을 주었다. 그래 이곳에서는 들뜬 기분으로 뷰티풀이라든지 원더풀이라는 말보다는 상큼한 맛이 가슴에 쌓여 무력감을 치환해 주는 활력소가 되기도 했다. 처음에는 낯선 곳이라 움츠려지던 마음도 이내 고향같이 푸근해졌다.

　비바람은 투어에 지장을 주었지만 시야를 답답하게 하는 산이나 도로가에 도열하듯 서 있는 짙푸른 가문비나무를 흔들어 한결 부드러운 풍경으로 바꿔주었다. 미처 비가 되지 못하고 떠다니는 구름은 산허리를 휘감아 주기도 해 짙게만 느껴졌던 알래스카의 산과 들의 풍광을 은은하게 필터링해 주었다.

　나무 사이로 펼쳐지는 조그마한 호수에 담겨져 있는 또 하나의 산꼭대기 이미지를 곁눈질해 보았다. 야! 환상적이구나, 어떻게 호수가 대형의 거울이 되어 산정의 이미지를 부드럽게 담아 물에 빠진 경치를 만들어낼 수 있게 한단 말인가.

감탄의 말이 끝나기가 무섭게 시야에는 두 물줄기가 산정에서 쏟아져 내리고 있었다. 브라이들 베일 Bridal Veil 폭포였다. 빙하의 줄기에서 힘차게 쏟아져 내리는 물줄기를 맞아가며, 래프팅을 하면서 스릴을 즐기고 싶었다. 그러면 긴장의 상황에서 어떻게 해야 벗어날 수 있을까 하는 생각에 뇌가 얼마나 빠르게 회전하는가도 알고 싶었다. 그러고 나면 몸도 마음도 박진감 있게 움직여 갈 것만 같았다. 그러나 이곳은 아무도 들어가지 못하게 해 놓았다. 그만큼 절벽에서 쏟아지는 물에 정수리가 파일 수 있는 정도 인 데다가 물살까지 격렬하게 요동치고 있었다.

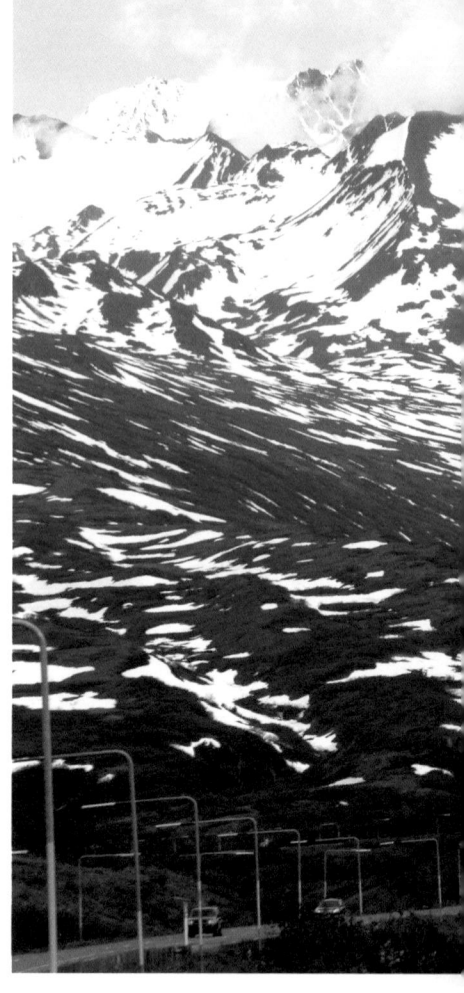

지나가는 차들은 예외 없이 널찍하게 만들어 놓은 주차장에 세우고 브라이들 베일 폭포가 바람을 일으키며 펄펄 날리는 물보라를 멍하니 바라다보았다. 사람들은 무슨 의무라도 되는지 가족을 넣어 폭포에서 느낀 황홀한 마음을 사진에 담기도 했다. 이런 북새통에 하이

웨이 가장자리는 복잡했다. 동서고금을 막론하고 보고 즐기고 느끼는 맛은 같은 모양이다.

　알래스카에는 빙하와 호수, 그 물이 만든 크고 작은 폭포와 강들, 그 주변에 어떤 꾸밈이 없이 살아가는 야생동식물이 지천으로 널려 있었다. 그 중에서도 호수의 명경지수에 그려진 부드러운 이미지는 일품이었다. 명경지수의 상에는 늠름하게 보이는 나무들과 초록의 배경에 핀 노랑 자주 하양색 꽃들이 바람에 흔들리는 아기자기한 모습이 사람들의 마음을 사로잡기도 했다.

 이곳 꽃들은 거의 매일 내리는 비와 빙하에서 나오는 서늘한 바람 때문인지 작으면서 단아하지만 페어뱅크스 꽃보다 더 짙고 발랄해 보였다.

오무라들어가는 빙하, 워싱턴

벨디즈에 가까워지면서 지역 전체가 빙하로 덮인 듯 산 전체가 새하얀 했다. 곳곳에 널린 빙하는 크고 웅장했다.

손에 잡힐 듯 가까운 거리에 있는 빙하 산이지만 그곳까지 가려면 아무래도 20분 정도는 족히 걸릴 거리였다. 고불고불한 길을 가다보면 보였던 빙하가 사라졌다가 다시 나타나기를 반복했다.

빙하가 만든 호수가 하이웨이 주변에 옥빛으로 길고 넓게 뻗어 있었다. 호수는 구름을 집어삼키고도 그 흔적에 대한 이미지조차 표현해 주지 않았다. 인심이 거한 호수는 단지 옥색 호수의 색깔에 회색을 약간 덧칠해 놓은 정도로만 표현해 주었다.

호수 끝자리에는 조그만 다리가 놓여 있는데 이 다리를 휘감아 돌아가니 한 빙하가 나왔다. 조그만 집도 있고 주차장도 보였다.

정해진 곳에서 집중적으로 풍경을 보는 것도 그런대로 의미가 있겠지만 가는 길에 주섬주섬 보아가는 것도 재미가 쏠쏠했다. 테마가 없어 보이는 풍경에는 스스로 의미를 부여해 가면서 보면 요사이 흔히 쓰는 표현의 자유를 제대로 누릴 수 있게 된다. 주어진 자연에 자신에게 내재된 감성을 보태면 어떤 사람은 아름답다고 말하고 어떤 사람은 실망스럽다고 말한다. 같은 자연을 보고 그 사람이 가지고 있는 경험과 안목에 따라 그 느낌이 크게 달라진다. 어떤 것이 옳을까, 거기에는 딱 부러지는 정답이 없다.

도레미파솔라시도가 모여야 아름다운 소리를 내고, 그 멜로디가 사람에게 감동을 준다. 한 악기의 소리가 주는 감동은 미미하지만 여러 악기의 음이 합쳐져서 하나의 소리를 내면 심금을 울리는 교향곡이 된다.

마찬가지로 조금한 풍경의 원소들이 모이고 또 모여야 사람의 발걸음을 묶어두는 힘이 생겨나는 것이다. 그래야 작은 것에서 전체를, 전체 속에서 작은 것의 존재 의미를 알 수 있게 된다. 이와 같이 자연을 볼 때는 거시적인 것에 비중을 두고 보아야 할 때가 있고 미시적인 것에 중점을 두고 보아야 할 때가 있다.

여행을 할 때는 두 가지를 다 함께 보아야 한다. 먼저 전체 속에서 하나의 의미를 생각하고 하나하나의 의미를 통합해 전체의 의미가 무엇인지를 도출해 내야 한다. 그러다 보면 나름대로 자연 속에 있는 각 요소들을 조화롭게 조합할 수 있는 눈을 가지게 된다.

사람을 너무 가까이에 가서 보면 여드름, 흉터, 주근깨, 주름살이 먼저 보인다. 이런 외형에 가려져 진짜 보아야 할 인간 내면의 됨됨이나 얼굴에서 풍겨 나오는 조화로운 모습을 간과하게 된다. 무엇이든지 적당히 떨어진 거리에서 전체 속에 부분을, 그리고 부분에서 전체를 조망해야 한다. 같은 이치로 멀리서 보았을 때 새하얗던 빙하 산

이 가까이 가서 보니 빙하가 띄엄띄엄 얼룩이 진 듯 보여 생각보다 지저분하게 보였다. 그래 이내 실망하게 되었다.

풍경은 멀리서 보아야 이웃 산의 빙하와 어울러서 존재하는 산의 모습을 제대로 볼 수 있게 된다. 그리고 산과 산이 하나의 선으로 이어져 산은 단순하게 단막이 아니라 최소한 4막 5장까지 깊고도 높다는 것을 알게 된다. 한 빙하 산에서 느끼고 말하고 하는 것보다는 여러 빙하 산을 한꺼번에 놓고 보면, 더 다양하고 속 깊은 이야기들이 한데 어우러져 나올 법 했다.

물이 위에서 아래로 흘러내리듯 쭉 뻗은 빙하가 그 깊이를 말해 주고 옆으로 퍼진 빙하는 빙하의 넓고 웅장함을 보여 주었다. 빙하로 덮인 주위 경치를 보아가며 환호하는 동안 워싱턴 빙하Worthington Glacier에 도착했다. 두어 시간 달려도 화장실이 없었는데, 그래 옳게 쉬지 못했는데, 이곳에는 화장실이 있는 휴게소이자 관광지였다.

주차장에 차를 세워 놓고 워싱턴 빙하를 관람하러 고불거리는 산책로를 따라 뷰포인트까지 올라갔다. 가까이 갈수록 멀리에서 보이던 신비성이 사라져갔다. 기대했던 웅장함은 어디 가고 먼지가 뿌옇게 쌓인 빙하만이 우리를 기다리고 있었다. 때가 묻지 않은 해맑은 영혼이 깃든 빙하라고 생각했는데 실제 가까이에서 보니 시즌이 여름이라 그런지 뻐끔뻐끔 구멍이 난 것이 골다공증이라도 걸린 듯 많이 아파 보였다. 빙하에 덕지덕지 쌓인 먼지에도 반짝거림을 잃지 않은 것은 빙하의 자존심인 냉정하고 영롱함이 아직까지 살아 있어서였다.

사실 머릿속에 그려진 빙하는 때 타지 않은 새하얀 속살에 어디에도 알리고 싶지 않은 신화를 간직한 거라고 생각했다. 알래스카 빙하는 투명함을 고이 간직한 노르웨이의 브릭스달과 같은 빙하로 생각했다.

그래 빙하의 깊이가 한없이 깊다는 느낌을 주기 위해서는 푸른 빙하 정도는 되어야 하지 않을까. 그런데 워싱턴 빙하는 사람을 머물게 해 놓고는 이름까지 받아들였으면서도 이름값을 못하는 안타까움에 고초를 겪고 있는 듯했다. 설상가상으로 지구의 온난화까지 겹쳐 빙하가 빙하로서 남지 못하고 있는 듯했다. 얼음과 얼음의 상호 유대관계가 적어져 푸석거리는 것이 더 이상 빙하가 아녀 보였다. 그래도 이 정도나마 빙하로 남아 있는 것이 다행이라는 생각이 들었다.

이곳에도 야생동물이 살고 있는 모양이다. 야생동물을 조심하라는 말과 먹이를 주지 말라는 경고 문구가 곳곳에 나붙어 있다.

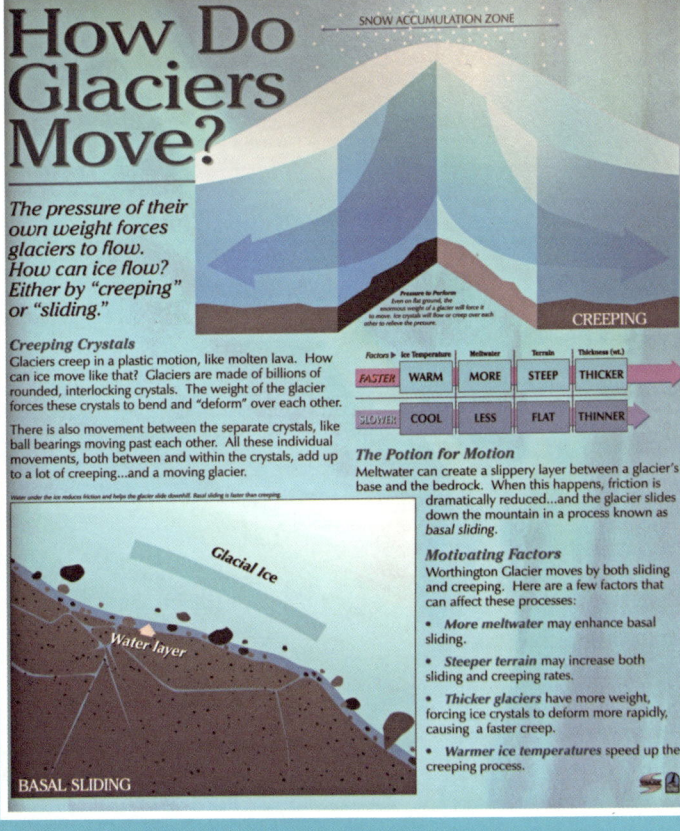

빙하에서 마음을 씻다

워싱턴 빙하의 관광을 마치고 다시 밸디즈로 향했다. 여기부터는 경사가 급해져 갔다. 산 위쪽으로 올라가는 중에는 풀도 나무도 없는 낭떠러지에 가로등 같은 도로 표지판이 서 있었다. 도로 표지판이 없었더라면 도론지 산인지 분간을 못해 차를 곤두박질치게 하기에 안성맞춤인 하이웨이였다.

오가는 차들이 땅바닥에 붙어 기어가는 듯했다. 어지간한 산은 굽어보였다. 나지막한 산에는 가문비나무들이 새까맣게 깔려 있고, 그 사이로 보이는 도로가 우리가 갈 길임을 말해 주었다. 새하얀 바탕 위에 산 능선이 희미하게 그려져 있었고, 산꼭대기 투명한 빙하 산은 신의 정원처럼 오묘하다는 느낌마저 들었다.

눈은 빙하 속에까지 소복이 쌓인 듯 꽉 차 있었다. 그리고 하늘나라 같아 보였다. 가끔 지나가는 차가 있어 이곳을 지나면 사람이 사는 곳이 나오겠구나 하는 정도로 고요했다. 산들도 바람이 없어 고요했고 나그네가 된 우리 부부에게는 마음에 간직한 세상만사의 번뇌까지 고요했다. 세상이 어떤지도 알지 못한 채 사회라는 곳에 첫발을 내디뎠을 때의 그런 기분 같았다. 냉엄한 현실에 스스로 헤쳐 나가야 한다는 게 두렵기도 했다. 이때도 춥게 느꼈었다.

지금에 와서는 어떻게 주워 담아야 할까가 아니고 어떻게 하면 미련 없이 버릴까였다.

그런데 이곳 빙하지대에 올라서니 빙하의 색채와 같이 단순하게 살면 마음이 편안할 텐데, 이런 곳 같으면 마음의 때를 씻어낼 수도 있을 텐데, 그래 복잡한 세상을 맑은 마음으로 살아 갈 수 있을 텐데, 이런 생각에 한참동안 빙하의 산에 혼을 빼놓고 우두커니 서 있었다.

사방이 빙하로 덮인 해맑은 산.

추워서인지, 건축이 금지되어서인지 사람이 살았던 흔적조차 없다.

어쩌면 다행이다. 이런 곳에 집 한 채라도 있었다면 이곳의 신비가 지금까지 그대로 살아 있을 수 있었을까, 그리고 사람의 마음을 정

화시켜줄 수 있는 순수함이 존재할 수 있었을까. 치밀어 오른 부아의 열을 식혀줄 수 있었을까, 데날리 국립공원도 이 아름다움에 비견될 수 있을까.

　데날리 국립공원은 툰드라에 사는 생태계를 말해 주려는 곳이라면 이곳은 국립공원은 아니지만 빙산이 무엇이고 산의 신비가 무엇인지를 느끼게 하는 곳이었다. 빙산은 화려한 무지개 색을 다 뱉어 비워

내고 나니 새하얀 해져 심플하게 살 수 있다며 하양이 으뜸이라는 것을 은근히 내비치는 듯했다.

　모든 파장의 빛을 토해내는 것, 그게 쉽지는 않겠지만 얼마나 순수하며 아름다운지를 보여 주었다.

　빙하 산은 이제까지 살아오면서 가졌던 욕망의 그늘을 새하얗게 해 주었다. 이곳에 두 번 다시 올 수 있을까. 한 번 온 김에 실컷 보고 배우고 마음을 씻어내기 위해 한참 동안 이곳의 붙박이가 되어 보았다. 빙하 아래에 무엇이 있을까, 그걸 궁금해 하면서 손을 호호 불었다. 해가 산에 가리었다. 빙하에서 불어오는 냉기에 손이 시려왔다. 입김으로 손을 녹여 가면서, 카메라를 잡고 파인더를 보아가면서, 프레임을 짜 넣었다. 셔터를 눌렀다. 카메라가 신들린 듯 움직였다. 멀리서 떠돌던 빙하가 카메라에 속속 들어와 앉아 주었다. 빙하들도 사계절이 있는 한국으로 나들이 하고 싶다기에 기꺼이 같이 가겠노라며 카메라에 담아주었다.

　지금도 빙하는 카메라의 따뜻한 방에서 편히 쉬고 있다. 그들의 모습을 드러내 보일 거라는 약속을 아직까지 지키지 못하고 있다.

D+7

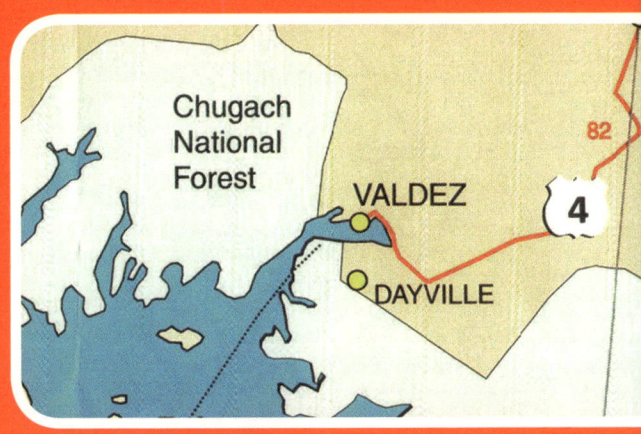

파이프라인의 종점, 밸디즈

워싱턴 빙하를 보고 승용차로 한 40분을 달려서 밸디즈에 도착했다. 내의와 두꺼운 겉옷에 겨울용 등산 점퍼까지 걸쳐서 그런지 추운 줄 몰랐다. 바람 한 점 없이 무작정 내리는 비, 어떻게 보면 하염없이 내리는 비가 이곳의 일상인 듯했다. 그래 영원히 그치지 않을 듯 천연덕스럽게 내리는 비, 그런데 그 비를 피하는 사람이 없었다. 이곳 관광객들은 매일 내리는 비를 맞는 것도 알래스카 관광의 하나라고 생각하는 듯했다. 바람을 맞아가며, 신선한 공기를 마셔가며, 무의식적으로 걷듯, 비도 그런 정도로 생각하며 길거리를 활보하는 듯했다.

도시 입구에는 으레 방문객을 위한 관광안내소가 있었다. 알래스카는 다른 어떤 지역에 비해 이런 관광안내소가 더 많았다. 그 만큼 알래스카 주 정부는 주 전체를 관광지라고 생각하며 주정부 일을 펼치는 듯했다.

밸디즈는 큰 도시는 아니지만 도시의 콘셉트를 잘 모르는 상황에서 관광의 포인트를 찾기가 쉽지 않았다. 그래서 먼저 차로 부두, 상가, 주택가, 핼리벗을 손질하는 사람들, 시내 구석구석을 둘러보면서 어떤 특징을 가진 도시인지를 살펴보았다.

부두에서 좀 떨어진 주거지역에는 정성껏 가꾼 정원에서 풍기는 우아한 느낌의 큰 집들이 빙하 산을 배경으로 버티고 선 것이 그림 같아 보였다. 집 안에는 보트 한 척이 언제라도 끌고 나갈 수 있도록 준비되어 있는 것으로 보아 경제적으로 별 어려움이 없이 사는 사람들인 듯했다. 밸디즈는 바다에 접해 있는 데다가 강과 호수가 유난히 많아 레저 활동을 하기에는 그저 그만이었다. 학교 운동장에서는 어린 학생과 조금 더 큰 사람들이 비를 맞아가며 풋볼을 하고 있었다.

구경을 대강 마치고 하루 묵을 숙소를 정해야 했다. 숙소는 생각보다 많았다. 여기에 조금 이른 오후 6시경이 도착했으니 방은 어디에 가도 있었다. 방값이 싸도 갖출 건 다 갖추었다. 겉보기부터 좋은 여관은 대개 예약이 끝났거나 방이 있다고 해도 비쌌다. 그래 조금 허름한 방을 구했다. 숙박비는 세금을 포함해 106달러 정도였다. 이 집도 휘티어에서와 같이 모텔과 식당을 같이 운영하고 있었다. 그래서 좀 전문성이 떨어지기는 하지만 여관비가 좀 싼 맛에 그냥 하룻저녁 묵기로 했다. 예상한대로 아래층 식당에서 들려오는 시끄러운 소리와 고기 굽는 냄새를 참아내기가 좀 고역이었다.

프린스 윌리엄 사운드 관광 예약을 하기 위해서 크루즈 회사로 갔다. 밸디즈에서 프린스 윌리엄 사운드를 투어하면서 볼 수 있는 빙하는 콜롬비아Columbia, 미어리스Meares, 쇼웁Shoup, 밸디즈 빙하가 있는데 그 중 한 빙하만 볼 수 있었다. 이들 빙하의 차이점을 알아야 어떤 빙하를 볼지에 대해 결정할 수 있었다. 그래 그 차이점을 물어보았다.

"예, 이들 빙하 중 콜롬비아 빙하는 프린스 윌리엄 사운드에서는 가장 큰 빙하입니다. 미어리스 빙하는 빙하에서 떨어져 나오는 거대한 빙하 조각이 물에 뛰어드는 장면을 볼 수 있고, 쇼웁 빙하와 밸디즈 빙하은 야생동물을 탐사할 수 있는 배로 투어를 할 수 있습니다. 그게 맘에 안 들면 보트나 카약을 타고 물위에 떠 있는 빙하 사이를 다니면서 야생동물도 탐사하고 또 모레인^{moraine}이 있는 곳에서 내려 빙하 위를 걸어보는 체험도 할 수 있습니다. 그런데 우리 회사에서는 콜

롬비아와 미어리스 빙하에만 크루즈가 갑니다."

직원의 말을 듣고 아무래도 좀 긴 시간 동안 투어를 하는 것이 좋겠다 싶어 9시간짜리 코스를 선택해 314달러를 주고 예약을 했다. 크루즈에서의 점심은 연어 요리와 음료수를 제공한다고 했다. 이런 조건으로 예약을 해 놓고 부두에서 만난 크루즈 회사 직원에게 내일 날씨가 어떠냐고 물어보았다.

"확실하지는 않지만 구름이 낄 정돕니다."

아! 내일은 그래도 좋은 구경을 할 수 있겠구나, 휘티어에서는 비가 내려 크루즈 여행을 하지 않고 이곳 밸디즈까지 왔는데 그냥 온 보람이 있구나, 그런 생각을 했다. 즐거운 마음으로 부둣가를 돌며 조각배들이 부두로 돌아오는 풍경을 카메라에 담았다.

크루즈 직원 말이 떨어지기가 무섭게 보슬비가 내리기 시작했다. 건물 처마 끝에서 비를 피해서 바다를 바라보았다. 잔잔한 바다에 외로이 떠 있는 배가 한없이 쓸쓸해 보였다.

저녁에 먹을 걸 사러 서브웨이 체인점에 들렀다. 샌드위치를 7달러 주고 만들어와 전자레인지에 데웠다. 감자는 칼침을 주어 익히고 계란은 커피포트로 끓인 물에 담가 익혔지만 맛은 영 아니었다. 그래도 허기를 달랜 것만도 다행이다 싶었다.

낯선 곳을 여행하면서 예약도 하지 않은 채 임기응변식으로 그때 그때 상황에 따라 대처해가면서도 여행을 하는 것도 스릴이 있었다. 무작정 떠났으면서도 편히 잠자고 전자레인지와 커피포트로 감자를 익혀먹고 라면을 끓여 먹는 재미, 그게 좀 어설퍼 보이기는 하지만 여행의 진수를 맛보는 듯했다.

　끼니를 때우고 좀 쉬려는데 보슬비가 이젠 큰 비가 되어 주룩주룩 내렸다. 언제 그칠 지 모르는 비였다. 지척에 빙하로 덮여 있던 산까지 구름과 함께해 새하얗게 되었다. 저게 구름인지 빙하인지조차 구분할 수 없을 정도로 시야에는 하얀 한 것 밖에 보이지 않았다. 이래

가지고 내일 프린스 윌리엄 사운드를 어떻게 유람한담, 조금은 낙담을 하면서 잠을 청했다.

밸디즈는 4천 명 조금 넘게 사는 작은 도시이지만 이곳의 산수가 미려해 어떤 RV족들은 한번 와서는 며칠씩 묵어가기도 한다. 그들은 항구 깊숙히 들어가 모닥불을 피어 놓고 모기를 쫓아가면서 집에서 못 다한 이야기를 도란도란 나누기도 한다. 그런 이야기가 지루하면 낚싯대를 바닷가에 드리워 놓고 고기가 낚이기기를 기다린다. 그러는 동안 가족 서로의 의견을 공유하기도 한다. 말을 하지 않아도 이심전심 서로의 마음을 알게도 해주는 그런 곳이다. 자연조차도 찾는 사람이 적은 곳이라는 생각에서인지 있는 것 없는 것 다 내놓고 허심탄회하게 마음을 털어 놓으라는 분위기이다. 그래 밸디즈의 항구에 앉아서 털어 놓은 생각 중에 필요 없는 것은 버리고 다른 가족의 생각이 맘에 들면 서로 공유하는 공간을 만들기도 한다. 우리도 그리했다.

밸디즈에도 아픔은 있었다. 이곳은 지진지대이다. 1964년 대지진이 있었을 때 도시 전체의 10분의 1이 파괴되었다. 많은 사람들은 삶의 터전을 잃고 방황하기도 했다. 지금은 새로운 도시를 만들어 살고 있지만 그때 악몽을 기억하는 사람들은 언제 다시 그런 재앙이 찾아올지 몰라 두려워하고 있었다.

밸디즈의 빙하에 무엇인가 묻혀 있지 않을까 하는 생각과 프린스 윌리엄 사운드에 연어, 고래, 핼리벗까지 득실거리는 아름다운 바다까지 있으니 먹고 사는데 별 어려움이 없을 거라는 생각으로 정착해 사는 사람들이 늘어났다. 그리고 밸디즈는 물고기를 잡아 파는 어부가 있고 이것을 통조림으로 가공해 파는 업주가 생겨났다. 금과 구리, 석탄을 채굴하는 광업이 활기를 띠면서 돈이 모이고 그래 사람들은 그런대로 부유하게 살게 되었다.

금을 캐는 사람들은 수 톤의 공급물자를 광산이 있는 카퍼 밸리로 운반해야 했다. 그러려면 좀 부담은 되지만 밸디즈 빙하로 썰매를 타고 가야 했다. 이 루트는 캐나다 기마경관의 검문을 피해 북쪽 금광으로 가는 길이기도 했다. 이 길을 통해 4천 명 정도의 남자들이 들어오긴 했지만 대개가 별 소득 없이 추위를 피해 10월쯤에는 다시 자기 고향으로 돌아가기도 했다.

요사이는 이곳에 연어의 산란 장소가 두 군데가 있다. 그곳은 밸디즈 변두리에 있는 크루커드 크리크 Crooked Creek 와 데이빌 로드 Dayville Road 에 있는 연어협곡부화장이다. 6~9월에는 수중카메라로 연어의 움직임을 관찰하는 것도 재미가 있다. 연어는 해안선을 따라 살다 산란할

때는 방류한 곳으로 회귀한다. 이런 본능을 이용해 연어낚시는 연어가 회귀하는 길목에서 한다.

 이곳은 눈이 많이 내려 지난 겨울 1월에는 322인치의 적설량을 기록하기도 했다. 눈이 많이 쌓이게 되면 길이 좁아져 차가 통행할 수 없게 된다. 어떤 학교는 지붕에 쌓인 눈의 무게를 이겨내지 못해 지붕에 균열이 생기기도 했다. 이런 상황인데도 톰슨 패스 제설을 담당한 어느 밸디즈 사람은 이웃집 지붕이 무너져 산산조각이 나는 것도 모르고 깊은 잠에 빠져들어 말이 많기도 했다.

눈이 많이 내리면 글렌낼런에서 톰슨 패스로 가는 길에 바리케이드를 쳐 폐쇄한다. 운전자에게 바리케이드를 친 사실을 알려 주기는 하지만 그게 늦은 밤이라면 낭패를 겪게 된다. 눈이 많이 쌓인 곳은 눈사태를 미연에 방지하기 위해 포를 쏘아 눈을 분산시키는 작업도 벌인다. 이런 길로 여행을 할 때는 각별히 주의를 해야 한다.

D+8

바닷고기의 보고, 프린스 윌리엄 사운드

저녁에 내리던 비가 아침까지도 그치지 않았다. 내의에 겨울옷을 겹겹이 걸치고 비를 맞으며 선박회사로 갔다. 체크인을 하고 정해진 시간에 배를 탔다. 모두가 옷을 겹겹이 껴입고 있었다. 빙하 속 바다에 가게 되면 빙하에서 불어오는 추위에 비까지 내리니 체감온도는 많이 떨어질 거라는 생각이 들었다. 여기에다 배가 달리면 바람이 일 것이고 바깥 구경이라도 좀 하려면 둔하지만 어쩔 수 없이 옷을 겹겹이 껴입어야 했다.

엊저녁에 크루즈 매표소 직원에게 물어보니 날씨가 썩 좋지는 않지만 비는 내리지 않을 거라는 말을 들었다. 그러던 것이 한 시간도 지나지 않아 비가 주룩주룩 내리더니 아침인데도 그칠 기미가 보이지 않았다.

아마 프린스 윌리엄 사운드를 제대로 보면 아름다움에 혼절할까 봐 적당히 보여 주려는 의도로 비를 내리는 듯했다. 휘티어에서 비를 피해 북쪽부터 먼저 관광을 하고 온 것이, 그것도 못 미더워서 날씨가 좋을 때 휘티어의 반대쪽이지만 프린스 윌리엄 사운드를 예약하고 나니 비가 내리는 것이다. 비를 제대로 만난 것이다. 이젠 9시간 동안 크루즈를 타고 여행을 하는 것이니 설마 그 안에 비가 그치겠지 하는 희망으로 배를 탈 수밖에 없었다.

배를 타기 위해 체크인을 하면서 비오는 날씨에도 빙하를 볼 수 있느냐고 물어보았다.

"예, 틀림없이 볼 수 있습니다."
라고 말해 주었다. 그 옆에 있던 여행객도 거들었다.

"비올 때 빙하 분위기는 좀 색다릅다."
라며 희망 섞인 말을 해 주었다.

많은 사람이 승선을 위해 서성이고 있었다. 주위에는 연어를 잡아와 처리하는 공장들도 보였다. 비가 오는데도 이미 스케줄이 잡힌 관광객은 하나 둘 낚시를 떠나고 있었다. 따가운 햇살을 피해가며 낚시를 하려면 차라리 비오는 날이 좋을지 모른다는 식이었다.

낚시는 그래도 바다 건너편 언덕이나 어군 탐지기로 고기떼들이 놀고 있는 바다에 가서 낚싯대를 물에 담근다. 그래야 낚시꾼이 좋아하는 큰 핼리벗을 잡을 수가 있다. 하루 종일 낚시하기도 하지만 그냥 스포츠나 투어 삼아 오전 낚시로 끝내는 사람도 있다.

부두에는 시애틀에서 온 듯해 보이는 화물선이 프린스 윌리엄 사운드에서 잡은 고기 상자를 가득 싣고 부두를 떠나고 있었다. 기관사는 긴 여정에 대한 두려움에서인지, 조금이라도 외로움을 달래려는지, 부두에 서 있는 관광객들에게 손을 흔들어 보였다.

부두에 병풍처럼 둘러싸인 빙하 산 허리를 휘감은 구름은 관광객과 숨바꼭질하듯 했다. 어떤 때는 하늘거리는 속옷을 입고 춤을 추는 무희 마냥 관광객의 눈길을 조마조마하게 했다.

산 아래 바닷물은 끊임없이 출렁였다. 낚싯배는 종이배마냥 파도를 타기라도 하는 듯 물결 위를 넘나들며 춤을 추었다. 어떻게 보면 바다 위를 고즈넉하게 날아다니는 나비와 같은 모양새였다.

늦게 승선했더니 앉을 자리가 없었다. 밖을 자주 드나들어야 하기 때문에 문 옆 의자에 놓인 짐 주인에게 양해를 구해 옮기도록 하고 그 자리에 앉았다. 마주한 사람은 건장한 체구를 가진 서양인 부부였다. 남자는 100-400밀리미터 초점을 가진 캐논 7D 카메라를 목에 걸고 있었고 부인은 소니의 고급카메라에 망원렌즈를 부착한 카메라를 탁자 위에 올려 놓고 먼 산을 바라보고 있었다.

그 부부는 60대 후반의 나이로 이제 노인의 문턱에 막 들어선 듯했다. 이 아주머니의 얼굴은 밝게 단장한 화장품 사이에 비쳐 나온 맑은 피부에 금발의 머리가 함께 어우러져 모습 전체가 맑아 보였다.

"밖에 고래가 나타난 모양입니다. 사진 찍지 않으렵니까?"

외국인에게까지 좀 어둔한 영어로 안내까지 해 주었다. 그렇게 화려하게 꾸미지 않았지만 풍기는 것은 우아하게 보였다. 고급 승용차에 명품 옷을 걸치고 내달리면서 도로가에 쓰레기를 내던지는 그런 정도의 수준의 여인은 아녀 보였다. 자기 남편과 자상하게 말하면서 웃는 모습이 통 커 보였다. 받기만 하고 주지 않는 데서 오는 문제가 전혀 없어 보였다. 서로 믿고 의지하며 느긋해 하는 부부의 모습이 좋아 보였다. 이 아주머니는 책을 읽어 얻은 마음의 화장품으로 치장한

듯 보였다. 그러면서 남의 것에서 배우는 타산지석他山之石의 마음을 가지고 있었다. 그렇지 않고는 남을 배려하는 마음이 없을 테고 남에게 불편한 시선을 갖지 않게 하려는 노력을 하지 않을 것이다.

이런 저런 생각을 하면서 어디에서 온 사람인지 궁금해 물었는데 아주머니는 자기 나라 언어로 말하는지 처음에는 무슨 말인지 몰라,

"죄송합니다. 잘 모르겠는데요."

라고 말을 하니, 아주머니는 '여기가 미국이지, 내가 왜 이래' 하면서 말하는 듯 웃어가며 다시 말해 주었다.

"네덜란드에서 왔습니다."

"저는 한국에서 왔습니다. 우리 부부가 함께 캐나다 여행을 마치고 알래스카 여행을 하는 중입니다. 그런데 두 분은 사진 찍기를 좋아하는 모양이네요. 카메라도 캐논 7D네요. 가격이 만만찮을 텐데요."

"예, 비싼데 네덜란드에서 샀습니다. 그 캐논 5D 마크II도 아주 좋은 카메라지요."

"주로 무엇을 찍나요?"

물었더니

"이것저것 닥치는 대로 찍고 있습니다."

말은 그렇게 했다. 남자는 풍경의 아름다움과 신비함에는 별 감응을 보여 주지 않았다. 안내원이 물개가 몇 시 방향에 나타났다고 방송하자 밖에 나가 세찬 비바람을 맞아가며 사진을 찍었다. 부인은 1층에 내려가 배의 기둥에 기대어 구름 속에서 숨바꼭질하는 빙하의 산을 찍었다.

이런 때는 망원렌즈를 가져올 걸 후회도 했지만 외국여행을 할 때는 렌즈를 취사선택하기로 했었다. 이런 결정에 한 번도 후회한 적이 없었다. 멀찌감치 떨어진 바다위에서 가물거리게 보이는 물개들이 수영의 묘기를 보여 주면서 놀고 있었다. 이런 모습을 아깝지만 그대로 흘려보내야 했다. 그게 좀 아쉬웠다.

카메라맨이 그리 많은 줄 몰랐다. 망원렌즈로 보일 동 말 동한 물개의 노는 모습을 힘껏 당겨 촬영하는 사람, 물 위에 둥둥 떠다니는 유빙을 카메라에 담는 사람, 빙하 산을 배경으로 사진을 찍는 사람, 낯선 풍경을 넓게 잡아 휴대폰에 담는 사람, 망원경으로 프린스 윌리엄 사운드를 이모저모를 살펴보는 사람, 제각각이었다.

86명이 정원인 배라 그리 크지 않았다. 바닷물이 출렁일 때면 배도 함께 출렁거렸다. 이런 때 찍은 사진은 다 흔들려 있었다. 이런 사진을 볼 때는 아쉬운 마음이 들었다. 좀 빠른 셔터속도로 찍을 건데 후회도 했다. 그렇지만 이미 버스 지나간 다음에 손드는 격이다. 다음에 그렇게 찍으면 되지 스스로 아쉬움을 달랬다. 그 다음부터는 배가 흔들릴 때면 배에 등을 기대고 조심스런 마음으로 셔터를 눌렀다. 좀 좋은 이미지가 카메라에 담기기를 바라면서.

점으로 보이는 물개들, 배가 옆에 있어도 자기들끼리 그룹이 되어 떠 있는 빙하를 피해 서로 꽁무니를 따라가며 물속에서 유영을 한다. 이런 행동은 물속에서 마음 놓고 노니는 물고기를 사냥하는 행위인 듯이 보였다. 물개들은 배가 옆으로 지나가도 눈길 한번 주지 않았다. 배를 보아도 어선인지 유람선인지 분간할 정도는 되는 모양이었다.

 크루즈에는 어류 탐지기가 달려 있었다. 가다가 고기가 많이 노는 곳에서는 배를 세워 놓고 물개 노는 모습을 관광할 수 있게 했다. 안내원 겸 여기관사가 방향키를 잡아 가며 주위 경치를 설명하고 고래가 나타나면 유영하는 모습을 볼 수 있도록 배를 정지시키기도 했다.
 렌즈의 초점거리가 많이 모자라지만 이들이 노는 모습과 흔적을 담아보려 빙하로 희끗하게 덧칠해진 산을 집어넣고 사진을 찍어 보았다. 그러나 초점거리가 28-135밀리미터로는 물개나 고래들이 유유자

적하는 모습을 이미지에 집어넣기에는 역부족이었다. 하는 수 없이 그들이 노는 모습을 머릿속에 담아두기로 하고 바다에서 고기잡이를 하는 배 위주로 사진을 찍었다.

    네덜란드 여행객도 바삐 사진을 찍더니 이젠 피곤한 듯 쳐져 있었다. 여기에 배까지 조금씩 롤링을 해주니 잠이 절로 오는 모양이다. 눈을 스르르 감고는 한참 동안 기척이 없었다. 그러더니 잠에서 깨어나기라도 한 듯 뭐라 물어 왔다.

"얼마 동안 여행할 계획입니까?"

"한 달이요."

"오랫동안 하시네요."

지구 반대쪽까지 오기도 힘든데 그리고 비행기를 한번 타고 왔으니 캐나다와 알래스카를 두루두루 살펴보고 가겠다고 했다.

네덜란드 노부부에게 다음 여행지를 물어보았다.

"수어드요. 차와 함께 배로 밸디즈에서 수어드까지 갑니다."

우리는 앵커리지를 거쳐 수어드로 간다고 알려 주었다. 가면서 알래스카 땅의 정기를 한껏 받고 싶다고 했다. 아름다움도 있지만 그것보다 구석구석이 어떠한지 살펴보고 싶다고 했다.

프린스 윌리엄 사운드에 접한 산에서 내리는 빙하수가 곳곳에 실폭포를 만들어 놓았다. 언뜻 보기에는 구름에서 쏟아내는 물줄기 같아 보였다.

구름에 가려진 산의 모습은 어떠할까, 궁금해 하면서도 프린스 윌리엄 사운드 깊숙이 들어갔다. 무엇이 부끄러운지 그 속내를 살콤이 보여줄 뿐 시원스럽게 보여 주지 않았다. 프린스 윌리엄 사운드는 말하는 듯했다.

"너무 많이 알면 재미없어. 조금씩 알아야지. 더 알고 싶으면 다음에 한 번 더 놀러 와. 그러면 다 보여 주지. 초면에 어떻게 다 보여 줘. 쑥스럽게시리. 나 그렇게 가벼운 거 아녀."

어쩌면 별 것도 아닌 걸 가지고 한꺼번에 다 보면 여느 산과 같아 그 신비성이 떨어질지도 모른다. 보일 듯 말 듯 조금씩 보고나면 보

고 또 보아도 그 다음에 무엇이 더 있을까 궁금해 할 듯했다. 신비성의 베일을 벗겨 내고 다른 한 면을 더 보여 줄지 몰라서 9시간이라는 긴 시간 동안 출렁거리는 바다에 몸을 내맡겼는데도 지루하지 않았다. 천편일률적으로 똑같이 태양 빛을 받아 만들어지는 거라면 빙하는 흔히 볼 수 있는 그냥 하양일 뿐이고 나무는 짙은 초록이 그냥 평범하게 검어 보일 것이다. 그러나 알래스카는 관광객에게 아름다운 색으로 화려함을 보여 주는 것이 아니라 흑과 백만으로 톤을 중요시하는 추상적인 풍경을 보여 주고 싶어 했다. 톤을 적당히 조절해 주기 위해 프린스 윌리엄 사운드의 바닷물은 구름이 되었다 비가 되었다 눈이 되었다 수시로 순환하기도 한다.

  너무 강한 햇살은 구름 필터가 하얀 빙하를 은빛 빙하로 바꾸어 은은하게 보이도록 한다. 이 은은함은 마음에 중용中庸을 심어 주고 백과 흑 톤 사이에 중간 계조를 갖게 해 준다.

프린스 윌리엄 사운드의 어선들

배가 출발해 한 시간 정도 갈 때까지는 빙하로 덮인 산이 피오르드fjord를 감싸 안아 주듯 배가 지나가는 양쪽 편 가까이에 도열해 있었다. 산의 분위기는 서로 달랐다. 오른쪽이 부드럽고 나지막한 빙산이라면 왼쪽의 산은 올려보아야 할 정도로 우뚝 솟은 장수 형상의 산이었다.

그런 산이 양쪽에서 바람을 막아주어서인지 비바람이 거셌지만 파도까지 일지는 않았다. 바로 앞에 앉아 있는 네덜란드 사람은 귀밑에 무언가를 붙이고 있었다. 뱃멀미를 미리 막기 위해서인 듯했다. 너무 과민한 거 아닌가 할 정도로 바닷물이 잔잔했다.

한 시간 쯤 지나니 그냥 특징이 없는 평범한 산이 등장하기 시작했다. 여기부터는 크루즈가 이 정도면 그래도 크다는 생각을 했다. 그런데 파도가 거세져 갔다. 크루즈는 바닷물이 파도를 일으키는 대로 파형을 그리며 출렁였다. 크루즈는 바다에 내맡겨진 한낱 조각배가 되었다. 배의 롤링에 몸의 갈피를 제대로 잡을 수가 없었다. 사람들은 선내로 들어와 자리에 앉기 시작했다. 뱃멀미를 달래려는지 눈을 지그시 감고 몸을 추스르고 있었다. 처음에는 협곡처럼 생각했던 것이 배가 더 갈수록 바다가 넓어졌다. 산도 나지막하게 보였다. 이제 배는 파도에 내맡겨졌다. 멀미를 다스리려 선창 밖에 나가 찬 비바람을 쐬어가며 사진을 찍어 보았다. 사진을 잘 찍으려는 생각보다는 어떻게 하면 멀미를 진정시킬까에 더 무게를 두었다.

파도가 조금씩 진정되어 갔다. 사람들도 지그시 감았던 눈을 뜨고 밖을 내다보았다. 사방이 산으로 둘러싸여 큰 호수같이 보였다. 이곳에는 배들이 빼곡하게 들어차 있었다.

어선이 어떤 일을 하는 지, 그리고 알래스카에서는 어떤 방법으로 고기를 잡는지 어느 정도 알 수 있었다. 조금 큰 어선 하나에 조그만 어선 두 척이 한 팀이 되어 조업을 하고 있었다. 큰 배에 있는 어군 탐지기에 고기 무리가 탐지되면 작은 배 두 척은 서로 반대 방향에서 그물을 쳤다. 그리고는 작은 배는 큰 어선을 향해 원을 그리며 좁혀 왔다. 큰 배도 느리게 움직이면서 그물로 고기 떼를 훑어 나아갔다. 한참을 그런 작업을 하더니 그물이 모아지고 동력의 힘을 빌려 그물을 건져 올리기 시작했다.

드디어 그물이 배위에 올려졌다. 멀리에서 보아도 고기가 뛰는 모습이 보이지 않았다. 갈매기도 그곳에는 없었다. 아마도 그물에 고기가 없어 갈매기가 모여들지 않은 듯했다.

고기를 잡은 배는 인근에 있는 큰 산 밑으로 이동했다. 그곳에 잡은 고기를 하역하기 위해서였다.

크루즈 선장은 물개와 고래의 서식지와 생태, 그들의 움직임, 어민

이 고기잡이 하는 모습을 설명하면서 가다 서다를 반복해 갔다. 배의 속도가 느려 배의 흔들림도 줄어들었다. 처음에 나타나던 멀미도 가라앉아 한결 편안해졌다. 이젠 배가 조그마한 만을 들랑날랑했다. 이곳에는 경치도 좋았고 물결도 한결 잔잔했다.

크루즈는 고기 잡는 곳에 접근하지 안했다. 그곳은 크루즈가 다니는 해로가 아니기도 하지만 잘못 움직이다가는 그물이나 빙하에 배가 손상을 입을 수 있기 때문이다.

배를 타자마자 음료수를 마시고 얼마 안 되었다 싶은데 벌써 점심 주문을 받았다. 앞에 앉아 있는 부부도 옆 자리에 앉아 있는 사람도 모두 연어 스테이크를 시켰다. 연어가 유명한 알래스카에 왔으니 연어 스테이크에 마음이 갔다. 노르웨이에서도 피오르드에서 잡은 연어 요리를 해 주었다. 그때는 연어를 회로 먹었다. 연한 것이 맛이 있었다. 그리고 그곳에서 강력 추천하는 음식도 연어 회였다. 신선한 것이 감칠맛이 났다. 무한리필까지 해 주었다.

그러고 보니 무한리필이 되는 것이 우리나라는 물이고 브라질과 아르헨티나는 소고기, 터키는 빵이었다.

그러나 알래스카에서는 바닷고기를 회로 먹지 못한다. 이것은 빙하에서 흘러나온 물 때문에 바닷물의 염도가 낮아져서 연어가 기생충의 매개체 노릇을 하고 있기 때문이다. 이런 것이 염려되어서인지 선상에서는 익힌 것만을 제공하고 있었다.

알래스카에서 주로 나오는 이야기는 연어, 물개, 바다사자, 고래 이야기와 곰, 무스, 산양에 얽힌 이야기가 전부였다. 이것은 이곳에 야

생동물이 많이 산다는 뜻이기도 했다.

연어를 잡으며 사는 사람들의 삶을 생각하면서 그것도 연어를 잡는 현장에서 요리해 먹는 것도 의미가 있어 보였다. 정오가 되니 주문한 음식이 탁자 위에 놓였다. 모든 관광객이 같은 것을 주문했는지 선원은 한 가지 음식만을 가지고 왔다. 사람들의 생각이 다 같았던 모양이다. 익힌 연어 한 토막과 그 위에 소스가 덮여 있었다. 이게 메인 메뉴인 듯했다. 그리고 그 옆에는 짓이겨 둥글게 뭉친 감자,

빵과 채소류가 약간 곁들여져 있었다. 나이프로 연어 요리를 자르고 포크로 연어 고기를 입에 넣었다. 음미하면서 씹어 보았다. 연어 고기는 씹기 전에 입안에서 사르르 녹는 느낌이었다. 그 위에 드레싱을 한 소스는 느끼하지도 않고 그렇다고 자극적이지도 않아 입안을 편안하게 해 주었다.

중국 요리는 기름기가 너무 많아, 동남아는 너무 진한 향료로 음식 재료 본래의 맛을 모르면서 먹어본 적이 있었다. 강하게 자극하는 향에 음식을 먹는 것이 지레 겁부터 났지만 이 연어 요리는 먹을수록 연어 특유의 은은하면서도 깊은 맛에 빠져들게 했다.

미어리스 빙하

빠르게 달리던 배는 한 협곡에 이르러서는 가다 서다를 반복한다. 바다 위에 빙하 조각이 둥둥 떠다닌다. 물개가 유빙을 이동하는 섬으로 생각해서인지 빙하 조각에 걸터앉아 유람하면서 촉촉이 젖은 몸을 햇볕에 말리고 있다.

크루즈 안내원은 해안가를 지나치다가도 바다에 유빙이 나타나면 한참 동안 그 자리에 머물면서 빙하와 기후와의 관계를 연관시켜 설명해 준다. 이야기의 초점은 지구의 온난화로 기온이 조금씩 올라가 빙하의 두께와 면적이 점점 감소해 걱정이라는 것이다. 사람의 편리성만을 추구하다보니 화석 연료를 많이 사용하게 되고 그로 해서 탄산가스 배출량이 점점 늘어나게 되었다. 그래 탄산가스는 대기권에서 비닐하우스와 같은 역할을 해 기온을 상승시킨다. 이런 현상을 지구온난화라고 하는데 이로 인해 지금 빙하가 빠른 속도로 녹고 있다는 요지였다.

빙하, 그게 별것 아닌 듯 보이지만 빙하가 가지고 있는 물의 양이 엄청나다. 빙하가 녹아 호수를 만들고 강을 만드는 것만 보아서도 알 수 있다. 빙하가 녹으면 수온도 덩달아 오르고 염도가 낮아져 생태계에 많은 변화를 주게 된다. 수온이 오르게 되면 바다에 녹아 있는 탄산가스가 다시 기체가 되어 대기 중을 떠돌게 되어 더 두꺼운 탄산가스의 커튼이 쳐지게 된다.

그래 기온이 올라가면 빙하는 골다공증에 걸린 뼈 마냥 구멍이 숭굴숭굴 나 푸석푸석해진다. 지금 이런 과정이 빠른 속도로 진행되고 있다.

바다 위에 떠 있는 빙하 조각도 기온이 높아져 빙하가 무너져 생긴 것들이다. 기관사는 떠돌아다니는 빙하가 빙산의 일각이라는 말을 믿고 크루즈가 좌초되지 않을까 걱정을 하면서 조심스레 조그만 빙하 조각 사이를 피해 지나갔다. 점점 빙하 조각이 많이 나타났다. 크기도 컸다. 빙하 조각을 보라고 방송을 한다.

빙하 조각도 하나의 관광자원인데 가뜩이나 작은 조각을 더 쪼개면 어쩌나 하는 심정으로 배를 몰고 가는지 모를 정도로 느리게 움직였다. 여기에다 밤새 큰 조각이 떠 내려와 암초노릇을 하고 있을지도 모르는 일이니 만사불여튼튼 하는 심정으로 배를 협곡으로 슬그머니 밀어 넣고 있었다.
　드디어 미어리스 빙하가 시야에 들어오기 시작했다. 크루즈는 빙하에 가깝게 다가가서는 빙하가 한눈에 들어오는 방향을 잡으려 뱃머리를 천천히 돌려 세웠다. 함성이 터져 나왔다.
　빙하가 잘 보이는 선상은 사진을 찍는 사람으로 북새통이 되었다. 처음에는 이곳에서 30분 정도 머물 거라던 것이 많은 사람들이 빙하를 배경으로 독사진도 찍고 가족과도 찍고 하다 보니 어느새 30분이 훌쩍 지나갔다. 우리 부부는 빙하만 찍고 있는데 네덜란드인 부부가 다가오더니 부부 둘이 같이 사진을 찍으라기에 카메라를 넘겨주었다. 그도 사진가이니 셔터가 어느 것이고 초점은 어떻게 맞추는지 말할 필요가 없었다. 그는 파인더를 통해 한참 프레임을 하더니 셔터를 눌렀다. 그리고 두어 장 더 찍어보자고 했다. 같은 포즈지만 노출과 프레임이 조금씩 달랐다. 보통 빙하나 바다와 같이 밝은 배경에서 사람을 찍게 되면 사람이 실루엣으로 떨어지는 수가 있다. 이것을 염려해서 실루엣도 찍고 사람을 밝게 찍기도 했다. 사람이 밝게 찍히면 배경은 반대로 너무 밝아 빙하의 존재가 있는지조차 알 수 없게 된다. 그래 보통 여러 단계의 노출을 주어가면서 촬영한다. 고맙다는 인사를 건네고 그들의 추억도 그들 카메라에 담아 주었다. 품앗이를 한 셈이다.

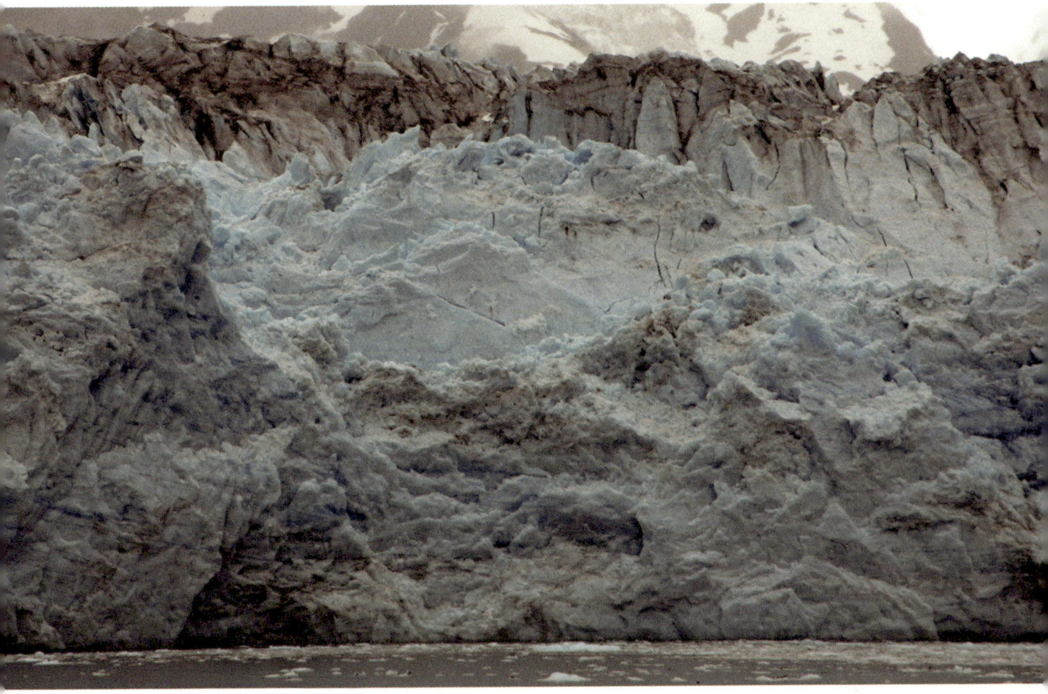

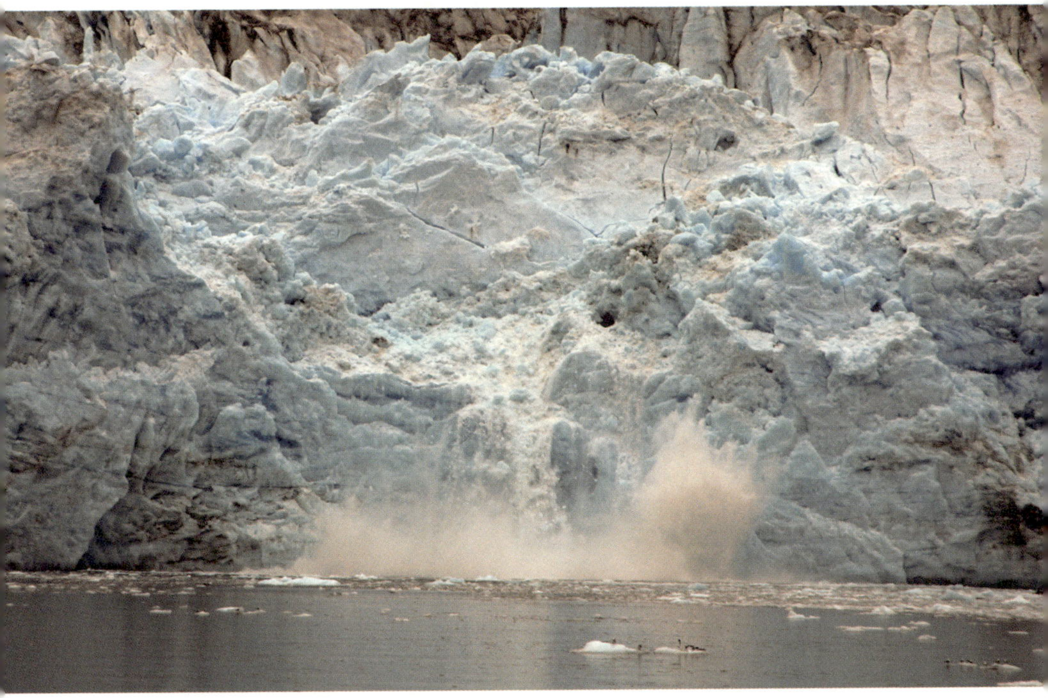

사진을 찍고 흥분을 가라앉힌 다음 빙하를 바라다보았다. 산과 산 사이 계곡에 두께를 알 수 없는 푸른 빙하가 우뚝 서 있었다. 신비스러웠다. 바닷물에도 억수로 쏟아진 비에도 그 자태를 그대로 유지한다는 것 자체가 아름다웠다. 지구의 한 구석에 있는 신비감에 써늘한 바람에 몸을 움츠리게 할 만도 한데 마음만은 도리어 포근했다. 이곳에 와 있다는 것 자체만도 신기한데 웅장한 빙하 앞에 서 있다고 생각하니 무어라 표현해야 할지 적당한 말이 떠오르지 않았다. '얼마나 많은 세월 동안 어는 일을 반복하였기에 여름날에도 돌보다 단단한 빙하로 온전히 남아 저 자리에 우뚝 서 있을까?' 생각하면서 그냥 유구무언상태로 빙하만을 바라다보았다.

지금은 사슴의 녹각 같이 한 조각씩 떨어져 나가는 수난을 겪고 있지만, 그런 아픔을 배경으로 즐겁게 사진을 찍고 있지만, 머지않아 빙하의 수난이 사람의 아픔으로 다가올 게 뻔해 보였다. 멀리에서 보아도 저런 높이라면 가까이 가서 보면 저 빙하의 높이는 도대체 얼마나 될까. 보이는 것만도 50, 60미터 정도인데 바다에 얼마나 깊게 뻗어 있는지 알 수 없으니 그냥 거대하구나 하고 상상만 할 뿐이다. 보이는 것이 이 정도라면 산 계곡 쪽에는 얼마나 장대한 빙하의 뿌리가 세월의 무게를 딛고 버텨 서 있을까.

빙하는 헤아릴 수 없는 강설량의 무게 때문에 눈 사이에 있는 공기 대부분이 빠져나가 촘촘하고 밀도가 높은 구조의 얼음으로 바뀌어 생긴다. 일반 얼음은 그 속에 많은 공기방울이 있다. 이런 상태에서는 빛의 산란 정도와 방향이 달라지고 얼음과 공기의 굴절률에 따라 빛이 반사하는 파장도 달라진다. 난반사한 빛이 간섭을 하게 되면 산란된 빛은 희게 보인다. 그래 집에서 만든 얼음은 외견상 희게 보인다. 그러나 빙하의 얼음은 빨간색과 같이 낮은 에너지를 가진 파장의 빛은 흡수하고 파장이 짧은 푸른색 빛을 반사시킨다. 그래 빙하는 푸른색으로 보이게 된다.

그렇지만 노르웨이의 브릭스달 빙하가 푸르게 보이는 것은 이런 현상도 일부 있겠지만 일부 빙하는 빙하에서 살아가는 곰팡이 때문이라고 한다. 이게 사실이라면 아무리 공기 좋고 물 맑은 빙하수이지만 마시면 배탈이 날 수 있게 된다.

이와는 달리 캐나다의 콜롬비아 빙원 곳곳에 흐르는 빙하수는 마시면 도리어 장수한다고 한다. 그래 우리가 먹을 수 있는 물은 색깔이나 맑은 정도만으로는 알 수가 없는 듯했다.

관광객들의 탄성 크기로 보아 프린스 윌리엄 사운드 크루즈 여행의 하이라이트는 뭐니 해도 미어리스 빙하인 듯했다. 하이라이트 속에는 빙하가 만든 맑은 물과 바다 야생동물들도 포함되어 있었다. 야생동물과 유빙이 없었다면 프린스 윌리엄 사운드도 여느 바다와 같이 밋밋하게 보였을 것이다.

빙하 속에서 이따금씩 쿵하는 소리가 들렸다. 큰 망치로 속이 텅 빈 암벽을 칠 때 나는 그런 소리였다. 어떻게 보면 귀신이 내는 굉음 같기도 했다. 이러기를 여러 번 반복하더니 그 소리에 놀란 빙하가 갈라져 물을 튕기면서 쿵하는 소리와 함께 떨어져 내렸다. 빙하가 물에 떨어지는 소리와 바다 위로 튕기는 물높이로 미루어 보아 빙하 조각의 크기가 상상을 초월할 정도로 클 거라는 생각이 들었다. 태고 때 만들어졌을 빙하가 지금 이 순간 떨어져나가는 순간을 지켜볼 수 있다는 것에 감개무량했다.

이러는 동안 다른 한쪽에서는 또 다른 빙벽이 무너지고 있었다. 먼저 번과 같이 빙하가 물을 높이 튀기면서 바다에 빠져들었다. 사람들의 마음을 황홀하게 했다. 이 빙하 조각은 나중에 바다 위를 둥둥 떠다니면서 바다사자의 휴식처가 되기도 하겠지만 지금 지구가 병에 시달리다 힘에 겨워 빙하를 한 조각씩 떨어트려 내보내는 것은 아닌지…….

그래 지금 9시간의 투어 시간이 다 지났는데도 아직 가야할 길은 멀었다. 다른 지역 같았으면 땅거미가 찾아들 시간이지만 이곳은 아직도 해가 중천에 떠 있었다. 그래 해가 언제 질 것이냐에는 별 신경을 쓰지 않아도 되었다. 날이 어두워질 것을 걱정하지 말고 알래스카의 자연을 마음껏 즐기라고 신이 사람에게 준 선물인 듯했다.

그렇지만 백야인 줄도 모르고 여행을 늦게까지 즐기다보면 그 이튿날은 피곤해 운전해 가며 여행을 하는데 무리가 따를 수도 있다.

D+9

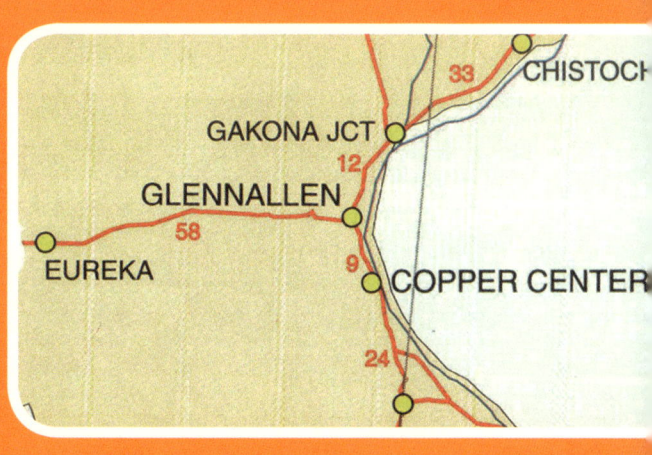

다시 돌아온 글렌낼런 갈래길

앵커리지로 가는 길에 랭겔-세인트일라이어스 국립공원을 다시 한 번 먼발치에서 바라다보았다. 하얀 빙하 봉우리가 구름과 차별성을 가지려고 안간힘을 쓰려는 듯 구름과는 달리 더 새하얀 했다.

밸디즈로 갈 때는 구름 뒤에 숨어 보여 주지 않던 산이 오늘 앵커리지로 돌아가는 길에는 새하얗게 단장을 하고 자기 모습을 드러내 보여 주었다.

랭겔-세인트일라이어스 국립공원의 빙하 산은 옳지 않은 것을 멀리하고 순백 빛만을 비춰 주었다. 아래를 굽어보면서도 뽐내지 않고 모든 것을 품었다. 새가슴만한 마음으로 변덕을 부리는 사람을 질책이라도 하려는 듯 갈 때나 올 때나 한결같은 모습으로 오고가는 사람들을 지켜보았다.

브라이들 베일 폭포도 그저께 본대로 같은 양의 물이 같은 세기로 힘차게 떨어지고 있었다. 이른 아침인데도 오가는 사람들은 차를 세워 놓고 가족끼리 사진을 찍고 있었다. 아침 햇살에 물방울이 튀는 모습이 어린아이들의 피부에 숭굴숭굴하게 난 솜털마냥 부드러웠다. 더 넓은 세상으로 가고파 위험을 무릅쓰며 뛰어내리는 듯했다.

도전이 있어야 내 모습이 진화하는 것이다. 갓난아이가 넘어지는 것이 두려워 두 팔과 두 무릎에 의지해 기어 다니기만 한다면 더 빨리 더 멀리 갈 수 있는 걸음을 뗄 수 없을 것이다. 폭포의 물도 낭떠러지로 뛰어내릴 때 갈래갈래 찢어지는 아픔과 헤어짐이 있겠지만 더 넓디넓은 바다로 가려면 달리 선택의 길이 없는 것이다.

허물을 한 꺼풀 벗고 나면 새로운 모습으로 변신하게 된다. 이런 상태에 이르기까지 불안하다.

힘들 때는 그냥

"아이 모르겠다. 하는 데까지 해보자, 무슨 수가 나겠지."

자기 자신과 대화하면서 가는 데까지 가 보는 것이다. 무엇보다 중요한 것은 '어떤 일에도 포기하지 않고 그게 현실이라면 기꺼이 부딪쳐보는 그런 배짱'이 있어야 한다.

올챙이가 개구리로 되는 두려움을 극복해야 물에서는 헤엄치고 땅에서는 네 발로 뛰어다닐 수 있다. 그래 올챙이로는 상상조차 할 수 없는 넓은 세상으로 뻗어 나아갈 수 있는 것이다. 우물 안 개구리라든가, 개구리 올챙이 시절 모른다는 말을 듣지 않으려면 우쭐대지 많으면서도 자기 처지에 맞게 행동을 하는 것이다.

다른 사람은 일취월장日就月將 발전하여 가는데 혼자 편하다고 한자리에 머물러 있다보면 뒤처지게 된다.

이런 생각을 하는 중에 글렌밸런 갈림길에 도착했다.

쉴 겸 여행 정보도 얻을 겸 관광안내소에 들렀다. 여행 정보를 얻으려는 여행객으로 붐볐다. 일단 줄을 서서 기다리다 차례가 되어 안내원에게 알고 싶은 것을 물어보았다.

목적지로 가는 길에 어디에 어떤 흥밋거리가 있는지 초행길에는 알기가 어렵다. 더구나 외국이니 안내원의 말 한마디는 관광에 큰 도움이 된다. 어떤 때는 지도에 표시해 달라고 부탁도 한다. 그러면 헤매지 않고 틀림없이 그곳에 가서 재미있는 볼거리를 만날 수 있다.

여행이란 것은 내 자신이 생각해도 무식하다고 생각할 정도로 낯선 소리에 귀기울여 들어 보아야 한다. 소리가 없으면 거리에 있는 사물에게 말을 걸어서라도 그 울림을 들어야 한다. 길을 모르면 묻고 듣고 확인하고, 그래 길을 잘못 들어섰으면 조금이라도 빨리 고쳐나가야 한다.

좀 귀찮고 시간이 걸리기는 하지만 이런 일도 여행의 한 과정이려니 생각하면 마음 편한 여행이 되는 것이다. 그러다 보면 아무런 흐름의 체증 없이도 그 세계와 하나가 되어 가는 것이다. 이곳도 사람이 사는 지구의 한 부분이려니 하며 지역을 좀 더 넓게 잡아 생각해 보는 것이다. 그러면 낯설음이 조금씩 줄어들게 된다.

버스를 이용해 여행하는 것도, 공항에서 다운타운을 가는 것도 물어서, 버스를 타고 가본다. 잘 모르면 내리는 곳이 어딘지 한 번 더 확인하고 내린다. 이건 무식해서가 아니고 초행길이니 누구든지 자기가 가야할 곳의 위치를 놓치지 않기 위해서이다. 그래 묻는 것을 부끄러워할 필요도 두려워할 필요도 없다. 현지 언어가 좀 서툴러도 아무런

문제가 없다. 그것은 낯선 외국에 낯선 길에 낯선 말까지 겹쳐졌으니 행동이 우둔해지는 것은 어쩌면 당연하다.

  가장 좋은 길잡이는 관광안내소 안내원의 안내이다. 안내원은 그 지역에 대하여 누구보다도 잘 알고 있다. 그리고 안내소에서 들러 커피라도 내려놓은 게 있으면 한잔 얻어 마시면서 휴식도 취해보는 여유를 가져봄도 좋다.

글렌낼런 관광안내소에서 팔머로 가는 길에 환상적인 마타누스카 빙하를 볼 수 있다는 정보 하나를 챙겼다. 안내원의 말을 지도에 체크를 해가면서 물었다.

"마타누스카 빙하가 있는 곳으로 가려면 하이웨이의 어느 출구에서 빠져나가야 하나요? 그리고 하이웨이에서 빙하까지는 얼마를 더 가야 하나요?"

알래스카의 관광지로 들어가는 길은 비포장도로가 많다. 그러다 보면 관광지가 아닌가 싶어 그냥 지나치기 일쑤다. 그러므로 하이웨이 출구와 관광지까지의 거리를 물어보는 것은 아주 중요하다. 그래 하이웨이에서 빙하까지의 거리를 물어보았다. 그랬더니

"마타누스카 빙하는 하이웨이에서 4마일 정도 떨어져 있습니다." 라고 대답해 주었다. 이 말을 기억하면서 앵커리지로 향했다. 이젠 길과 도로 표면에 익숙해져 50~55마일이던 속도를 60~65마일로 올려 달렸다.

D+10

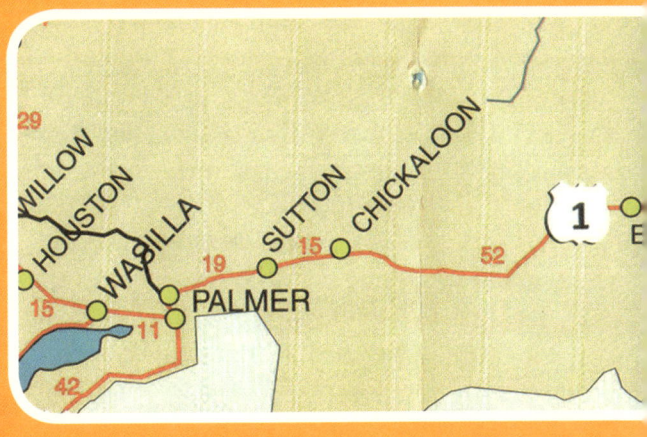

빙하의 진수, 마타누스카

관광안내원의 말대로 글렌낼런에서 앵커리지 방향으로 가는 길은 커브길이 많았다. 하이웨이 주변과 전방에는 시원스럽게 뻗어 있는 도로와 강, 그 건너에 빙하를 이불삼아 덮고 있는 높은 산이 한데 어우러져 가는 길을 아름답게 만들어 주었다. 아름다움의 기준이 사람에 따라 다르겠지만 안내원이 말한 것보다 더 아름다웠다. 밸디즈 쪽 정경과는 너무 달랐다. 그래 도로에서 보는 한 가지 한 가지가 가슴에 와 닿았다. 새로운 진주를 캐내는 그런 기분으로 낯선 곳을 낯익은 곳으로 바꾸어 나갔다. 그 재미에 알래스카 여행 내내 마음이 차분하게 가라앉을 때가 없었다.

주위 산에 빙하가 부쩍 늘어났다. 멀리에서 보아도 산 계곡은 하얀 빛을 발했다. 그리고 그곳에 사람의 시선을 머물게 했다. 조심스레 운전을 하면서 이젠 우리가 가고자 하는 곳에 다 와간다는 생각이 들었다.

"아마 저 산자락에 마타누스카 빙하가 있을 거야."

혼자 중얼거리면서 마타누스카 강에 접한 글렌Glenn 하이웨이 이정표를 조심스럽게 보아가며 달렸다. 마타누스카라는 이정표는 이미 지났다. 그렇지만 빙하라는 표시가 없어 계속 차를 달리고 있었다. 그러던 중에 다른 이정표와 크게 차별이 없이 '빙하의 길'이라는 의미가 담긴 'Glacier Road'라는 이정표가 나왔다. 아내는 직감적으로 이 길로 빠져나가면 되겠네 했다. 그렇겠구나하는 생각으로 하이웨이를 나섰다. 한 백 미터를 지났을까 했을 뿐인데 비포장도로가 나왔다. 1킬로미터를 좁은 비포장도로로 가다보니 좀 으슥하기도 하고 교량도 시원찮게 보여 길을 잘못 들어선 것은 아닌가 하는 생각이 들었다. 다시 하이웨이 쪽으로 차를 돌렸다. 그때 안내원이 4마일쯤 들어가야 한다는 말이 생각이 나 다시 차를 돌려 그길로 계속 들어갔다. 푹 파인 길에다 물이 고인 곳은 옆으로 피해 갔다. 마른 땅을 지날 땐 조심스레 가도 뒤에는 먼지가 뿌옇게 날렸다.

　마타누스카 강에 설치된 좀 낡아 보이는 교량을 건너 3킬로미터를 더 가니 공원관리사무소가 나왔다. 차들이 길가에 세워 져 있었다. 이런 환경으로 보면 여기에는 많은 관광객이 찾을 것 같지 않아 보였다. 건물 안으로 들어가 보니 기념품 파는 곳이었다. 사실 이곳의 기념품도 현지인이 만든 상품이 아니고 대개 중국에서 만든 제품이었다. 그래 별 친근감이 가지 않았다.

　입장권 파는 곳에 가 입장권 두 장에 20달러를 카드로 지불했다. 그리고 보니 +62는 경로우대라는 말이 보였다. 그래
　"우리 부부는 한국의 경로우대자입니다."
라고 말했더니 두말없이, 그리고 어떤 확인도 없이, 우리 부부의 할인

금액 10달러를 현금으로 내주었다. 표를 사고 다시 3킬로미터를 더 가니 주차장이 나왔다. 빙하를 보러 가는 사람, 나가려는 사람들이 뒤엉켜 있었다. 빙하는 마타누스카 강 상류에 펼쳐져 있었다.

빙하로 가려고 차비를 차리고 있는데

"한국에서 오셨습니까?"

"그렇습니다."

하고 대답을 하니 자기들은 앵커리지에서 사는데 밸디즈로 가는 중이라고 했다.

"몇 분이 오셨습니까?"

우리 둘이 대구에서 왔다고 하니 "대구에서 오신 분." 하고 일행 중에서 사람을 찾았다. 칠십이 되어 보이는 아주머니가 다가왔다. 아내는 대구가 고향이었다. 서로 학교를 따지면서 반갑다는 이야기를 나누더니 점심식사를 했냐고 물었다. 점심이래야 누룽지와 도넛이 전부였지만 그래도 아직까지는 배가 든든했다. 아주머니가 일행에게로 가서 김밥 1인분과 음료수를 가지고 오면서

"여기 손님께 드리려 하는데 이의 없지요."

자기들 일행의 양해를 구하더니 가져왔다. 그리고 이 분은 앵커리지에서 목회 활동을 하는 목사님이라고 처음에 말을 걸어왔던 40대 중반 남자의 신분을 소개해 주었다. 그리고 자기들은 미국 곳곳에 사는 한국의 고등학교 동창들이라면서 여행사를 통해 관광하는 중이라고 했다.

오랜만에 먹어보는 쌀밥, 그것도 김밥, 입에 한입 넣으니 살살 녹

앞다. 도넛과 누룽지, 그리고 마른 김으로 좀 허전했던 점심이었는데 이렇게 한 끼를 멋지게 때웠다. 그 김밥의 향긋한 맛을 여행 내내 잊을 수가 없었다.

　그 일행을 떠나보내고 빙하로 갔다. 가는 길 자체가 흙 속에 묻힌 빙하 위를 걸어야 했다. 곳곳에 물이 푸른 빙하 위에서 미끄러지듯 내려갔다. 모든 것이 투명하고 맑아 자세히 보지 않고는 빙하인지 빙하라는 그릇에 담긴 물인지를 알 수가 없었다.

　이런 물줄기가 신기했다. 얼마 되지 않은 거리에 도도하게 솟아있는 푸른빛 빙하를 향해 걸어갔다. '글레이셔 비우'라고 부를 수 있는 빙하 커뮤니티에서 웅장함과 청순함을 느꼈다.
　푸른 빙하 절벽을 이정표삼아 조심스레 걸어갔다. 이곳으로 가는 길은 특별히 이 길이다 하는 길이 없었다. 그냥 발길 닿는 대로 가면 되었다. 그렇게 걷다가 돌멩이 하나를 디뎠는데 돌멩이가 빙하에 미끄러지면서 넘어졌다. 왼쪽 팔꿈치 아랫부분에서 손가락까지 타박상

을 입었다. 상처 부위가 피로 범벅이 되었다. 쓰리고 아팠다. 그래도 타박상 부위의 아픔을 참으며 빙하 위를 한참 걸어가야 했다.

빙하는 길가에서 봤던 것보다 더 드라마틱했다. 빙하는 4마일 넓이로 펼쳐져 있었다. 추가치 산 뒤쪽으로도 수만 마일에 걸쳐 길게 펼쳐져 있다고 하니 보이는 것에 비해 숨겨져 있는 빙하가 더 대단한 셈이다. 그래서 하이웨이를 달리며 먼발치에서 보아도 눈이 부셨던 모양이다.

빙하 하이라이트 부분으로 들어가는 길목에는 팀을 이루어 빙벽타기 연습을 하고 있었다. 빙벽에 줄을 매어 놓고 초보인 듯해 보이는 사람들이 안전벨트를 매고 줄을 잡고 올라갔다. 아무래도 초보라 그런지 엉덩이를 뒤로 쭉 빼고 빙벽을 타고 올라가는 게 영 아니다 싶었다. 코치인 듯해 보이는 사람이 처진 몸을 빙벽에 바짝 붙여 아이젠이 빙벽에 꽂히도록 발로 빙벽을 쳐대라고 주문했다. 그러더니 빙벽에 살짝 힘을 주어 아이젠이 빙벽에 꽂힌 것을 확인하고는 한 걸음씩 떼어갔다. 한 10미터 정도를 그렇게 오르더니 안전하게 내리는 연습도 병행했다.

그런 사람들 틈에 우리 부부도 함께 걸었다. 지하수같이 빙하 아래로 물이 거침없이 흘러가고 있었다. 주변에는 나무하나 없는데도 산 속 시냇물 흐르는 소리 같이 나름의 음률을 가지면서 빙하 속의 물은 흐름의 연주를 하고 있었다. 내리쬐는 빛살에 머리는 따갑고 다리 부분은 빙하의 냉기로 차갑고. 그래 신체는 온랭의 리듬을 연주하는 듯했다.

빙하와 빙하 사이에 생긴 조그만 도랑물은 유리그릇에 담은 증류수같이 해맑았다. 너무나 깨끗해 손 씻기를 주저했다.

내 마음도 이렇게 해맑게 씻을 수 있을까, 눈만 뜨면 보고 듣는 것이 서로 싸움질만 하는 것인데, 그래 도리어 욱해지는 마음만 돋아나게 하는데…….

옳고 그름의 내용도 도토리 키 재기와 엇비슷한 내용을 가지고 쌈질만 해대니 원…….

그런데 이곳 빙하에 와서 이런저런 꼬락서니를 보지 않아도 되어서인지 마음이 맑아지긴 했다. 그리고 머리가 단순해졌다. 아마도 알래스카에 와서 많은 것을 쏟아내고 맑은 것으로 그득 채워서겠지, 이 마음을 한결같이 가졌으면 하는 바람을 가져보았다.

어찌 된 영문인지 가슴에 하얀 종이꽃을 단 사람이 보였다. 늘씬한 키에 콧수염을 양옆으로 쭉 뻗게 기른 검정신사복을 말끔하게 입은 것이 범상치 않아 보였다. 그 사람에게 다가가 물어보았다.

"가슴에 단 꽃은 어떤 의미가 있습니까?"

그는 대답했다.

"우리 아들 결혼식을 올리고 있습니다."

"당신 아들의 결혼을 축하합니다."

라고 축하해 주었다. 신랑 신부는 보이지 않았다. 나중에 알고 보니 빙벽의 꼭대기에 둘이 서 있었다. 그들은 멀리에서 보아도 행복함이 묻어나 있었다. 신랑 어머니는 치마에 블라우스에 웃옷을 걸쳐 입은 것이 뚱뚱해 옷 입은 테가 나지는 않았지만 나름대로 뜻깊은 날로 아로새기려는 노력이 엿보였다. 옷차림에 어울리지 않게 빙하 절벽 위를 걷는 사람에 대고 사진을 연신 찍어댔다. 신랑은 좀 건너기 어렵다 싶은 곳에서는 신부를 안고 건넜다. 한 바퀴 돌고는 신랑은 신부 손을 잡고 나타났다. 가까이 와서 보니 신부의 몸무게가 만만찮아 보였다. 더구나 흰 드레스를 입어서인지 눈으로 보기에도 풍만해 보였다. 양가 부모 앞에서 둘이 서로 안고 키스를 했다. 양가 부모는 박수를 쳐 주었다. 신랑은 자기 아버지에 비해 좀더 까무잡잡한 얼굴인 것으로 보아 아마 햇살에 많이 노출된 시간을 가지고 살아온 듯했다.

결혼식을 올리는 젊은 사람들의 모습을 보니 우리 부부도 저런 때가 있었는데, 그때는 둘 사이 텅 빈 공간에 무엇인가를 채우려고 열심히 노력했는데……. 이제 세월이 지나 나이가 들어가니 그간 채워놓은 무엇인가를 비워 마음을 정화시키려고 안간힘을 쓰고 있으니…….

인생살이라는 것이 다 그렇다고 생각은 했지만 실제로 그 목적지에 가까워오니 당황스러울 때도 있었다. 이런 생각을 뒤로하고 나니 행복해 하는 젊은이들 모습의 잔상이 빙하와 겹쳐서 떠올랐다.

너무 맑은 물에는 고기가 살지 못한다는 말이 맞는지 이곳에는 물고기가 보이지 않았다. 아마도 이런 곳에는 먹고 살 먹이가 없는 모양이다. 물이 너무 투명해 사진을 찍어도 빙하만이 표현될 뿐 물의 존재를 표현할 수가 없었다. 무슨 투명인간이라고 하더니만 이곳은 투명호수라도 되는 듯했다.

빙벽의 하얀 반영이 더욱 물을 투명한 존재로 만들어 주었다. 여기에 티끌이라도 하나 있으면 그게 비교가 되어 적어도 3차원의 세계 정도는 거뜬히 표현할 수 있을 텐데. 마음도 비워 투명해지면 사람 그 존재도 보이지 않을 것이다. 결국 신의 경지에 도달하는 것은 아닐까.

빙하 폭포수는 하나의 수정이 되어 바닥에 방울방울 뒹굴어지듯 떨어졌다. 그런데도 빙하의 바닥은 파이지 않고 다른 곳과 같이 평평했다. 이것은 아마도 폭포수가 빙하 위에 떨어지자마자 수정 모양으로 돌돌 말려 미끄러져 내리기 때문이리라.

이렇게 낙수가 떨어지고 몇 시간이 지나면 빙하가 다 녹아 없어질 줄 알았는데 빙하는 끄떡도 하지 않고 바위처럼 건재해 있었다. 비가 내려 녹아 없어지지 않을까 했지만 비가 온 후 빙하에는 도리어 다이

아몬드보다 더 찬란한 광택으로 주위를 환하게 비춰 주었다.
 이런 자연의 작품이 우리나라에 조그맣더라도 하나만이라도 있었으면 얼마나 좋을까.
 푸르면서도 새 하얀색을 띠는 빙하가 곳곳에 널려 있는 알래스카, 그곳에까지 접근하지 못하지만 멀리서 보아도 웅장해 보이는 빙하, 그것은 알래스카의 상징이었다.

D+11

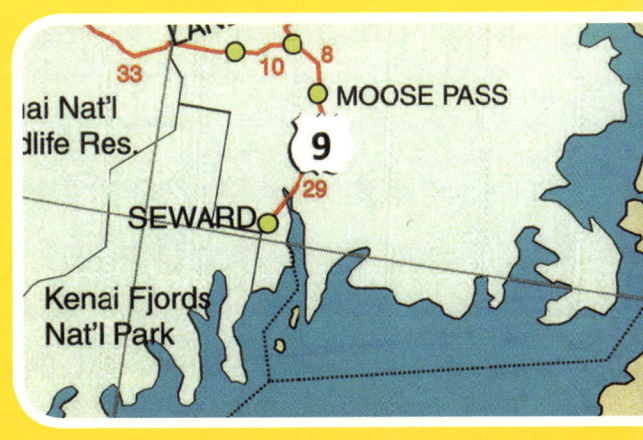

설치미술의 장, 수어드 항구

앵커리지에서 포티지를 지나 수어드로 가기로 했다. 수어드는 낚시하는 곳으로 유명했다. 알래스카에 와서 처음으로 갔던 추가치 국유림에 접한 해변을 차로 달렸다. 바다에는 갯벌이, 산에는 빙하가, 풀풀 날리는 빗방울, 세차게 불어대는 차가운 바람, 알래스카에 첫발을 내딛는 순간 호된 신고식을 치렀다.

지척에 있는 듯해 보이는 산과 갯벌은 수채화를 연상하게 했다. 선이 강하지 않으면서도 은은한 산을 만들어주는 구름, 갯벌 위에 남은 바닷물이 바람에 소름을 끼치기라도 한듯 만들어진 물결, 갯벌의 모래톱, 자연의 변화무쌍함의 진수를 원 없이 보았다.

이곳의 풍경은 4D 영상을 보는 것처럼 의자를 뒤흔들어 혼을 빼놓고는 금방이라도 주먹 한방 먹일 듯한 그런 분위기이었다.

그러다 소나기라도 한줌 퍼부어댈 때에는 가뜩이나 우울해진 마음을 더욱 오므라들게 했다. 이런 풍경을 더 실감 있게 표현하려는지 빙하에서 몰려오는 세찬바람과 빗방울은 마음을 더욱 차갑게 만들었다. 혼자였다면 빙하와 비바람에 포위되어 고립된 기분이 들었을 것이다.

풍광도 비바람에는 어쩔 수 없는지 또렷하던 영상이 흐릿해져 한 폭의 수채화가 되곤 했다. 전경은 바다 모래톱에 조가비 무늬가 한 방향으로 그려져 있었다. 이게 단순하게 보일 거라고 생각해서인지 중간쯤에는 바람에 물결이 이는 장면을 그려 넣어 화폭에 역동성을 불어넣어 주기도 했다. 이것만으로는 부족하다고 생각해서인지 짙푸른 색상의 화면에 빙하를 올려 포인트를 주었다. 그러고 보니 알래스카는 설치미술 작품을 보는 듯했다.

너무 세심하게 그려진 그림에 실증이 날까 봐 나이프로 확 문질러 댄 그런 분위기의 풍경도 그려져 있었는데 이런 분위기는 차가운 바람이 도맡아 해주었다.

바람이 내의의 실 틈새를 비집고 들어왔다. 추위와 바람에 몸과 마음까지 어설퍼졌다. 두 손을 호주머니에 집어넣고 나니 허리까지 꾸부정해졌다. 할 수 없이 차안으로 들어가 바람의 효과음을 들으며 수어드 항구를 바라다보았다. 배에 꽂힌 깃대가 울렁거리는 바닷물에 흔들거렸다. 그림이 좌우로 흔들려 달인이 그린 추상화처럼 생각하게 하는 그림을 그렸다 지우곤 했다. 언제 완성해 보일지 모르지만 매순간 그려진 그림은 아름다운 것이 뭐라는 것을 보여 주는 듯했다. 이런 것이 수어드를 환상의 부두로 만들고 이런 변화에 사람들은 환호하고 있었다.

동적인 수어드의 분위기를 정적사진에 담기는 쉽지 않지만 흐려진 이미지에서 자연은 지금 무언가에 흔들리고 있다는 느낌을 가지

게 했다. 어떤 때는 렌즈에 묻어 있는 빗물방울의 빛 번짐에 수어드의 부두는 울룩불룩한 항구처럼 표현해 주기도 했다. 주머니에 있는 휴지 한 장을 꺼내 렌즈에 묻은 한 물방울을 닦아냈다. 이런 땐 물방울이 렌즈에 잔잔한 선을 긋는다. 그때의 수어드는 선이 그어진 수어드로 다시 변신하게 된다. 모든 것을 색안경 끼고 보는 듯한 그런 이미지가 만들어진다. 제 눈에 안경이라는 생각이 든다.

내동 내리지 않던 비도 앵커리지 남부 쪽으로만 가면 비가 주룩주룩 내린다. 첫날 알래스카에 도착해서 휘티어로 갔던 그날도 비가 내렸다. 며칠 지나 밸디즈로 갈 때도, 오늘 수어드 가는 길에도 비가 끊임없이 내렸다. 무엇 하나 왜곡되지 않게 사실에 가까운 분위기를 사진에 담으려면 휴지를 들고 다니면서 렌즈를 열심히 닦아야 했다. 천으로 된 렌즈 닦개는 물을 제대로 흡수하지 못해 도리어 물기가 렌즈를 어른거리게 했다. 그래 야외에 나갈 때는 휴지를 한 움큼 들고 다니며 김도 닦고 빗방울도 닦아냈다.

시내를 한바퀴 돌고는 제일 먼저 바닷가에 있는 수족관에 들렀다. 도시의 규모로 보면 수족관은 상당히 컸다. 30년 전에 시카고에서 본 수족관이 기억에 남아 다른 수족관은 그에 미치지 못하리라는 선입견을 가졌다. 그러나 그에 비해 수족관의 규모는 작지만 알래스카 부근 바다에 서식하고 있는 바닷고기들을 전시해 놓는 것에 큰 의미가 있었다. 이곳 수족관에서 강조하는 물고기는 연어와 고래였다. 특히 연어에 대해서는 매시 정각에 30분 동안 설명하고 질의응답을 받을 정도였다.

연어의 회귀율이 90퍼센트라고 설명한다. 연어가 있음으로 해서 알래스카의 건강한 생태계가 유지된다. 곰은 연어를 잡아먹고 연어는 어린 물고기를 먹이로 한다. 그리고 어부는 연어를 잡아 생계를 유지한다. 연어가 먹이사슬을 이어주는 셈이다. 이런 내용의 강의였다.

수족관을 보고나서 해안가를 거닐었다. 30년 전에 시카고의 오대호를 걸었던 그때는 쌓아가는 기분이었다면 지금은 인생의 모든 막

을 끝내가는 기분이 들었다. 같은 걸음인데도 기분에는 묘한 차이가 있었다.

 그때나 지금이나 부부가 함께 미국 땅에서 걷고 있지만 말은 서로 하지 않아도 이심전심으로 지난 삶을 음미하고 그걸 하나씩 버려가고 있었다. 그래 남은 인생은 하고 싶은 일을 해가면서 좀 가벼운 마음으로 살아가겠다고 마음먹었다.

이젠 지난 시간에 비해 아주 짧은 날을 같이 해야 하니 시간의 순간이 더욱 소중해졌다.

더욱 빨리 흘러가는 순간들, 그리고 남은 시간들의 질이 30년에 비해 훨씬 떨어지는, 그래 젊은이들이 보면 좀 어설프게 보이는 시간들이지만 지금은 순간들을 느릿느릿 세어가면서 살아가고 있다.

바둑판 모양으로 만들어 놓은 부둣가, 거기에 일정한 간격으로 만들어 놓은 도크가 인상적이었다. 바다하면 비릿한 냄새가 나고 지저분한 데다 물은 거무데데한 것으로만 생각했는데 이곳은 너무도 깨끗했다. 도크를 거닐면서 바닷물에 비친 반영을 사진에 담아도 보고 얼마 안 되어 보이는 곳에 솟아 있는 빙하의 산도 감상해 보았다.

낚싯배에는 무수히 많은 낚싯대가 세워져 있었다. 이 낚싯배가 낚시해 온 물고기를 손질하는 곳이 따로 있었다. 70센티미터쯤 되어 보이는 연어를 넓은 스테인리스 작업대에 올려놓고 먼저 신선한 물로 깨끗이 씻고 내장과 등뼈와 머리 부분을 도려내 10미터 아래의 통에 처리할 수 있도록 모았다. 고기는 맑은 물로 씻어가며 나머지 몸통부분을 가지고 포를 떴다. 작업대는 전체가 스테인리스로 되어 있어 비린내가 배어들거나 틈새에 끼지 않도록 되어 있었다.

부두 한쪽 끝에는 커다란 탑과 굵은 관이 뻗어있었다. 부두에서 배의 현황을 체크하는 사람에게 물어보았다.

"항구 가운데에 우뚝 선 저 탑은 혹시 번지점프대입니까?"

그는 그게 아니라고 했다.

"기차나 트럭으로 실어온 석탄을 화물선 컨테이너에 실을 때 쓰는

시설입니다. 석탄은 주로 중국으로 수출하고 나머지는 아시아로 보내집니다."
라고 친절히 답해 주었다. 그는 중국도 아시아인데 왜 중국을 강조했는지, 알고 보니 석탄 대부분은 중국으로 보내지고 있었다. 그쪽 부두 쪽에 가 보았다. 비포장도로였는데 철로가 놓여 있었다. 그 안에

들어가 보니 석탄이 놓여 있던 흔적만 있을 뿐 차들은 없었다. 주위에는 커다란 관이 바다 한가운데 탑에 연결되어 있고 중장비가 얼마간 보였다.

한쪽 해변 가에는 RV들을 파킹해 놓고 우중에 모닥불을 피워가며 식사준비를 하고 있었다. 비가 내리는데도 낚시를 하는 사람, 조깅하는 사람, 자전거를 타는 사람들이 곳곳에 보였다.

관광객들은 가문 때 비를 기다리던 심정으로 비를 기꺼이 맞는 듯했다. 지금 이 일을 한다고 해 놓고 안 하면 다시는 이런 기회가 안 온다는 생각에 비를 맞아 가며 그냥 뛰고 달리고 모닥불에 옹기종기 모여 앉아 오순도순 이야기하면서 먹을 걸 준비하는 듯했다. 그들은 비로 해서 하나로 뭉치게 되었다. 비는 추운 날 내리는 함박눈쯤으로 생각하고 있었다. 그들에게 비는 하나의 자연을 아름답게 꾸며 주는 요소로 보고 있었다.

수어드는 3천 명 정도가 사는 조그만 시골 도시로 앵커리지에서 두어 시간 정도만 드라이브하면 닿을 수 있는 가까운 거리이다. 타운의 한 쪽 면은 산으로 둘러싸여 있고 다른 한 쪽은 해안에 연해 있다. 고요하고 조그마한 마을이지만 이 마을은 관광객이 아침이건 저녁이건 넘쳐났다. 아침에는 프린스 윌리엄 사운드의 역동성을 즐기는 사람들이, 저녁에는 수어드의 고요를 즐기려는 사람들이, 자기방식대로 즐기고 있었다. 부두에는 밤새 조용히 나타난 크루즈 손님을 태우려는 차들도 부산스럽기도 했다.

낚시꾼들이 낚싯배를 타고 바다로 나가는 모습이 보이기도 하고 식당은 미처 밥을 챙겨먹지 못한 사람들로 잠시지만 북적거리기도 했다.

수어드의 어느 집에서고 창문만을 열면 3000피트가 넘어 보이는 마라톤Marathon 산을 볼 수 있다. 시간만 허락된다면 유혹하는 산을 향해 무작정 뛰어가고 싶은 곳이다. 산 주위에는 호수가 있고 바다가 있어 여름 내내 낚싯대를 물에 담가 놓고 세월을 낚는 것도 낭만적이어 보였다. 석양빛에 낚싯대가 드리워진 정경은 한 폭의 수채화가 되어 사람의 마음을 로맨틱하게도 했다.

낚시 말고도 수어드 지역을 중심으로 펼쳐지는 케나이 피오르드 국립공원을 여행할 수 있었지만 밸디즈에서 10시간이 넘는 크루즈 여행을 하고난 터라 여기서의 크루즈 여행은 좀 아쉽지만 접기로 했다.

수어드 투어를 끝내고 숙소로 돌아왔다. 그리고 여독에 피곤해서

인지 눕자 마자 잠이 들었다. 아침에는 비가 그쳤다. 구름에 가리어 부두에 세워진 배만 겨우 보일 뿐 부두 주위에 있는 높은 산의 모습은 보이지 않았다. 그래도 어제 일찍 와 그나마 천지가 구분될 때 관광한 것이 다행이라 생각했다.

어느 정도 낯이 익어가자 수어드를 뒤로하고 다시 길을 떠나야 했다. 여행이란 게 그렇다. 그곳에 너무 정을 많이 주고나면 떠날 때 허

전해진다. 그걸 알면서도 이곳 분위기에 잠시 동안이지만 마음을 빼앗기고 나니 그걸 다시 거두어들이기가 만만찮게 힘이 들었다.

우선 커피 한 잔을 먼저 내려 쓴 향기를 마셨다. 나머지 한 잔은 경치에 홀려 울적해진 마음을 진정시킬 때 진정제로 한 모금씩 마시기로 하고 컵 받침대에 얹어 놓았다.

차로 수어드의 아침 풍경을 다시 한 번 둘러보면서 그간 만들어 두었던 추억거리를 하나하나 되새겨 갔다. 힘들 때 이곳의 낭만을 삶의 양념으로 해서 감칠맛 나는 인생을 즐기고 싶었다. 그러고나니 어제의 환상적인 수어드가 아침에는 아름다움으로 성숙된 정취로 한껏 다가왔다. 이런 정취를 아무 절제 없이 마시다 보니 대취해 그 자리에 주저앉고 말았다. 그래 발걸음이 떨어지지 않았다. 하루만 더……, 아니다, 이제 이별을.

한 번 더 와서 여러 날밤을 머물면서 낚시에 푹 빠져 모든 것을 풀어 해체하고픈 곳이지만 그건 하나의 꿈일 뿐.

그래도 이런 꿈 하나라도 만들어 준 수어드가 있어 참 다행이었다.

D+12

자연의 거울, 턴 호수

　수어드에서 케나이로 가려면 수어드 하이웨이를 타고 무스 패스라는 갈림길에서 호머 방향으로 가야 한다. 이 갈림길에 호수가 있다. 그리 깊지 않은 듯 호수 안 곳곳에는 풀이 나 있다. 이게 바로 턴 Tern 호수이다.
　여기에는 쉴 수 있도록 주차장과 화장실이 있다. 오가는 사람이 한 번쯤은 머물러 호수건너 지척에 솟아 있는 산을 보며 피로를 달래기도 하고 좀 더울 때는 산정에 고깔모자처럼 뒤집어 쓴 빙하 산을 보며 땀을 식히기도 한다.
　오전에는 호수에 그려진 빙하의 산을 볼 수 있다. 정적인 느낌까지 들 정도로 수면에 그려진 수채화는 흔들림이 없다. 어떻게 보면 자연의 외골수처럼 융통성이 없어 보이지만 그래도 살짝 불어오는 바람에 수시로 변하는 조령모개朝令暮改의 변덕보다는 좀 나아 보인다. 호수가 산을 하나 더 만들어 이곳이 유명관광지 못지 않다는 것을 보여 준다.
　턴 호수는 바다에서 먼 곳에 있다고 생각했는데 갈매기 두서 마리가 보였다. 관광객 중에 한 어린이가 자기가 먹던 과자를 호수에 던졌다. 그때 어디에서 날아왔는지 갈매기가 떼를 지어 날아들었다.

갈매기가 먹이 활동을 하고 있는 모습이 보이지 않았다. 그런데도 통통했다. 그건 어째서인가. 곰곰이 생각해도 답이 나오지 않았다. 어린이가 또 과자를 던졌다. 그때 한 갈매기는 물 위에 떠 있는 과자부스러기를 먹는 것이 먼저가 아니고 다른 갈매기를 쫓아내는 것이 먼저였다. 아마 대장인 듯했다. 먹이를 독차지하려는 욕심이었다. 그 틈에 다른 갈매기가 대장 갈매기 뒤쪽에 떠 있는 과자 부스러기를 낚아채 갔다. 그 갈매기를 쫓으려고 뒤돌아서는 순간 다른 갈매기가 와서 빼앗기기라도 할까 봐 잽싸게 과자를 물고는 달아났다. 그러는 동안 다 빼앗기고 자기 옆에 있는 몇 개만이 자기 몫으로 남아 있었다.

본능적인 욕심, 모두 가지려는 욕구, 가졌다고 생각하고 그걸 지켜야 한다는 절박감, 그렇지만 실제 가진 것은 그 많은 것 중에 두세 개 정도의 조각뿐. 그 갈매기는 불행 중 다행이었다. 물에 떠 있는 과자 부스러기가 다 자기 것이라면 가뜩이나 비만이라 날기 싫어 먹이 활동조차 하지 않는데 이걸 다 먹었다면 비행조차 할 수 없었을 것이다.

먹이라도 던져주면 한 떼가 모여들어 조금이라도 더 먹으려고 푸닥거리며 쟁탈전을 벌이는 바람에 고요하기만 하던 호수는 카오스를 연상하게 했다. 갈매기가 정적이던 호수의 분위기를 일거에 역동적인 공간으로 바꾸어 놓은 것이다.

갈매기가 자리를 비운 사이 턴 호수는 다시 명경지수를 복원해내었다. 그리고 아름다움을 듬뿍 담고는 하늘을 향해 방끗 웃었다. 그런 턴 호수의 고요와 역동성이 호수에 물결을 일으켰다 지워가는 일을 번갈아 했다. 한참을 보니 그 변화가 율동적이었다.

 시간이 좀 지나니 강한 빛이 쪼여 빙하는 더 밝아져 보였고 정상 아래 능선에는 하나의 선이 생겨났다. 섀도와 하이라이트가 우락부락한 근육질처럼 산 곳곳에 굵은 선으로 그어 놓았다. 이 선은 새로운 모습으로 호수 면에 투영되었다. 처음에는 부드러운 느낌으로 표현되던 것이 햇살이 강해지면서 부드러운 느낌 대신에 톤이 강한 선으로 그림을 그려나갔다.

 해가 중천에 뜨니 호수에 그려진 그림을 바람 지우개가 싹 지웠다. 그 위에는 새하얀 물결만이 가득 차 있었다. 오늘은 더 이상 반영의

공연이 없으니 가던 길을 그냥 가라는 듯했다. 결국 먹이를 줄 손님의 발길이 뜸해지는 것을 아는지 격렬하게 먹이 활동을 하던 갈매기들도 자기 보금자리로 돌아갔다. 이런 호수의 그림을 보는 날에는 가는 길 내내 발걸음이 가벼웠다.

   수어드 하이웨이 주변은 아름다워 여행객의 마음을 들뜨게 했다. 이런 도로일수록 사고를 유발하기 십상이었다. 호사다마好事多魔라는 말을 떠올리며 혹시라도 다가올 비극에 바짝 긴장했다.

   스스로 방어운전으로 양보할 것은 양보하고 예의 바르게 운전했다. 운행할 때 헤드라이트가 켜져 있는지 다시 확인했다.

러시아 리버를 따라 케나이로 가다

턴 호수에서 호머 이정표를 보고 차를 달렸다. 도로 양쪽에 도열한 고만고만한 나무들을 사열하면서 가는 기분은 그런대로 상쾌했다. 러시아 리버^{river}를 따라가다 보니 중간중간에 집들이 하나둘 나타나기 시작했다. 마음이 푸근해 왔다. 한 2층 통나무 집 앞 강에는 투숙객들이 보트를 타고 있었다. 우리도 강 양가 산자락에서 불어오는 산바람을 맞아가며 하룻저녁 머물고 싶었다. 그래 로지에 들어가 방이 있는가 물어보았다.

"죄송합니다, 방이 없는데요."

이런 답이 나올 거라는 것을 예측하기는 했다. 산채에는 방이 몇 개 없는데 이곳의 정취를 즐기려는 사람이 많았다. 대개 이런 곳에 머물고 싶으면 시즌 초기에 미리 예약을 해야 머물 수 있다고 한다. 조금 지나면 이런 여름 시즌 예약도 마감된다고 한다.

휴가철에는 관광지에서 방을 구하기가 쉽지 않다. 그리고 평소보다 비싼 요금을 지불해야 한다. 그래 요일과 시간에 따라 방값이 변동된다고 한다. 그래 싼 방을 구한다고 돌아다니다 서너 시간 후에 150

달러하던 호텔에 다시 들러 방값을 다시 물어보았다. 그런데 이제는 125달러라고 한다. 왜 아까하고 가격의 차이가 나느냐고 물어보았다. 그것은 이제 손님이 더 안 올 것 같으니 가격이 싸진 거라고 말했다.

 이들은 철저하게 수요와 공급의 원칙에 따라 가격을 책정하는 듯했다. 방의 전망, 위치, 침대의 개수와 크기, 발코니가 있느냐 없느냐에 따라 숙박 요금에 차이가 났다. 전자레인지와 커피포트와 같은 것이 있느냐와 같은 미세한 부분에 까지도 숙박 요금을 책정하는데 반영하고 있었다.

 그런데 이런 강가 주택의 한 가지 단점은 밤낮을 가리지 않고 쏘아대는 벌레들이 많다는 것이다. 잠깐 강물에서 보트를 타는 사람을 보는 순간 모기가 윙하는 소리가 나더니 여러 군데를 쏘아붙이고는 달아났다. 추운 곳에서 자라는 모기는 크기도 크지만 독성이 강해서인지 금방 가렵고 쏘인 자리가 퉁퉁 부어올랐다. 구경이고 뭐고 차 안에 들어와 벌레 물린데 바르는 약을 바르고 난 다음에 항생제가 좀 함유된 연고를 발랐다. 그런 덕에 더 이상 부어오르지는 않았다.

 오지나 다름없는 러시아 강줄기의 한 곳인데 병원은 물론 없을 테고 그나마 챙겨온 비상약이라도 있어 마음적으로나마 위안이 되었다. 이 자리가 계속 부어오른다면 여행은 뒷전이고 벌레에 쏘인 데만 신경 쓸 게 뻔했다.

 좀 낭만적인 곳에 머물며 마음에 추억의 그림이라도 한 폭 그려볼까 했는데 모기가 윙윙거리며 시위하는 통에 역사가 배어 있는 러시아 리버에서 머물러 보겠다는 마음이 싹 가시었다. 몸과 마음이 편해

야 낯선 속에서도 편안함을 찾을 수 있을 텐데…….

　알래스카의 거리 표시는 마일로 되어 있다. 킬로미터에 익숙한데 마일로 표기된 곳이 나오면 일단 숫자가 작으니 거리가 가깝다는 느낌을 가지게 된다. 실제는 1마일이 약 1.6킬로미터밖에 안 되니 얼추 계산해 봐도 별차가 없을 거라는 느낌이 든다. 그래 달리다 보면 생각보다 시간이 많이 걸리고 어떤 때는 운전하는데 지루하게 느껴질 때도 있다. 가까운 거리는 그게 별 차이가 없지만 원거리일 경우 느껴지는 거리가 생각보다 멀게 느껴지고 시간도 훨씬 많이 걸린다는 기분이 든다. 여기다 대고 우리의 고속도로와 좀 다른 도로 구조를 가진 하이웨이이니 목적지까지 가는데 얼마가 걸릴까 하는 시간을 딱

히 예측하기가 어렵다. 우리의 고속도로는 산이 있으면 터널을 뚫고 계곡이 있으면 다리를 놓아 가능하면 직선으로 완만한 경사를 만들어 놓았다. 노면은 미세한 부분까지 아주 고르게 해 놓았지만 알래스카의 하이웨이는 자연의 그 형태를 그대로 유지하면서 직선도로를 만들고 그게 여의치 않으면 고불고불한 커브 길을 만들어 놓았다. 여기에 노면은 굴곡이 있는 곳을 자주 만나게 된다. 그리고 한번 하이웨이를 달리게 되면 장거리이기 때문에 중간중간에 조금씩 쉬어가도록 되어있다. 그런 도로사정 때문에 도착시간을 언제라고 말하기가 어려웠다. 굳이 계획을 잡아 봐도 두어 시간 정도는 틀리기 일쑤였다.

주택과 위락시설이 많이 보이기 시작한다. 정비된 도로가에는 꽤 품위 있어 보이는 집들이 들어서 있고 멀리에는 자본주의의 상징인 월마트와 사람이 있는 곳이면 그게 어디이건 비집고 들어가는 맥도날드도 보였다. 케나이였다.

맥도날드에는 햄버거를 테이크아웃하려는 차량 행렬이 이어지고 실내에는 먹고 가려는 사람들이 줄을 서 차례를 기다리고 있었다.

월마트에서 몇몇 과일, 라면과 도넛, 그리고 야채를 샀다. 과일은 가면서 먹기 편하고 또 한국으로 돌아가면 먹을 수 없는 체리를 자주 선택해 샀다. 라면은 조리기구가 제대로 없어서 컵라면 정도를 사는 것으로 만족해야 했다. 다행인 것은 라면이 2년 전 미국에서 먹었던 맛과는 좀 달랐다. 먹을 때는 좋았지만 라면의 특유한 냄새 때문에 먹고 나면 후회하기 일쑤였다. 그래 일단 한번 라면을 끓인 물을 버리고 스프에 무엇이 있을지 몰라 반만 넣고 된장을 풀어 먹어 보니 전보다는 그런대로 깔끔한 맛이 났다. 라면을 개발한 사람에게 감사하다는 말이 절로 나왔다. 이 라면이 없었으면 얼큰한 국물의 맛을 어디서 보고 누들이 식도로 넘어가는 기쁨을 어디서 찾을 수 있었을까, 참 여행객에게는 소중한 음식이라는 생각이 들었다.

알래스카 역사가 살아 숨쉬는
올드 케나이

 케나이에서 시장을 보고는 우리가 가려는 올드 케나이^{Old Kenai}로 향했다. 올드 케나이 경계까지는 1마일이라는 이정표가 나왔다. 그러나 그 중심지까지 가는 데는 상당한 시간이 걸렸다. 올드 케나이는 한눈에 보아도 오래된 도시같이 보였다. 여기에는 맥도날드도, 월마트도 없었다. 낚시를 하려는 관광객이 이곳저곳을 기웃거리고 있고 바닷가는 선박회사들이 자기 땅이라는 표시가 되어 있어 해안은 보이지만 접근하기가 어려웠다. 그런데 이곳에는 줄을 쳐 놓은 넓은 구역 안에 낡은 선박이 즐비하게 늘어서인지 올드 케나이 전체가 하나의 폐허같이 보였다. 그걸 수리해 바다로 다시 내보낸다고는 하지만 그곳에 사는 사람이나 그곳에 놀러오는 사람들 마음에는 최소한 폐허라는 느낌을 먼저 가지게 했다. 케나이 하면 낚시를 하며 휴식하는 도시로 생각했는데 폐선이 바다의 낭만을 가로막고 있었다.
 도시 중심지에 관광안내소가 보였다. 그곳에서 관광안내를 받았다. 그곳에는 찾아오는 사람이 별로 없는지 안내소 주변에는 차들이 없었다. 특산물을 파는 건물에도 사람들이 보이지 않았다. 아마도 폐선이 해변의 대부분을 차지하고 있어 이곳을 관광지로서의 역할을 할 수 없게 하는 듯했다.

러시아인이 살았던 주택이 몇 채 있었다. 사람이 살지 않아 폐허가 되었지만 집의 규모로 보아 그때는 꽤 잘 살았던 집 같아 보였다.

지금은 문이 닫혀 있지만 종탑이 있는 것으로 보아 전에 교회로 사용했음 직한 건물이 보였다. 그래도 잡초가 우거져있지 않은 것으로 보아 누군가가 이 건물을 관리하고 있는 듯했다. 그 옆에 있는 집은 사람이 살았던 곳으로 보였다. 나무로 지은 단층집으로 지금 보면 오두막집 정도에 불과하지만 백 년 전 그때 당시에는, 그리고 고기잡이를 하는, 그런 곳에서는 꽤 좋은 집이어 보였다. 지금은 잡초와 허물어질 정도로 낡은 집이 되었지만 그때 당시의 사정을 미루어 짐작하는 흔적으로 충분했다.

이 오두막집 건너편에는 조그만 버진 메리 러시안 정교회의 거룩한 가정Holy Assumption of the Virgin Mary Russian Orthodox Church이 있다. 이 교회는 올드 케나이의 역사를 말해 준다. 이 건물은 이 도시의 핵심 유산의 하나로 무료로 관람할 수 있다. 교회 크기로 보아 큰 도시같아 보이지는 않지만 교회가 있는 것 자체만으로도 러시아 사람이 살았음을 알 수 있었다. 그 안에는 한 200제곱미터 정도의 넓이에 긴 의자가 몇 줄 놓여 있었고 앞에는 한 사람 정도 설 수 있을 정도의 소박한 설교단이 있었다. 교회 안으로 들어가는 입구 왼쪽에 키가 작은 검정 옷을 입은 신부 한 사람이 서 있었다. 신부에게 사진을 찍어도 좋으냐고 물었더니 좋다고 답하기에 사진을 몇 컷 찍었다. 그러는 동안 신부는,

"한국에서 왔습니까? 저는 에스키모입니다."

"그렇습니까? 꼭 한국 사람 같네요. 제 아내와 사진 한 컷하면 어떨까요. 신부님의 모습을 오래도록 기억하고 싶습니다."

그러고는 아내와 신부가 함께한 사진을 찍었다. 그는 한국말로 "감사합니다."라고 말했다. 어떻게 한국말을 아느냐고 물어보았더니 자기 친구 중에 한국 사람이 있어 배웠다고 했다. 그런 기억이 있어서

한국 사람이 반가웠던 모양이다. 잠깐의 만남이었지만 헤어지는 것이 좀 아쉽다는 생각이 들었다. 러시아 교회와 가옥을 보고 나서 왜 교회가 러시아 리버 가까이에 있는지 이해하게 되었다.

한 여자 관광객이 케나이 해변을 보고 말해 주었다.

"너무 아름다운 해변이어요, 한번 가보세요."

라는 말을 남기며 지나갔다.

해변에는 백사장이 있을 자리에 나지막한 풀들이 자리하고 있었다. 사람들은 누가 무어라고 하지 않았는데도 죽 늘어서서 바다 가운데를 향해 낚싯줄을 던지고 있었다. 대부분 낚시꾼은 관광을 온 사람들로 갑자기 낚시꾼으로 급조된 사람들이었다. 옆에서 보아도 낚싯줄을 던지는 모습이 아마추어같아 보였다. 이런 관광객을 한두 번 접해 본 물고기들이 아닐 텐데 이런 낚시에 걸려들 리가 없었다. 낚시꾼은 매번 허탕을 쳐서인지 얼굴에는 피로한 기색이 역력했다. 적당히 잡히고 적당히 놓아주는 묘미가 있어야 낚시하는 재미가 있을 텐데 낚싯줄을 던지고 손맛을 보지 못했으니 지루할 만도 했다.

본래 올드 케나이는 1791년에 건설된 항구로 알래스카에서도 역사적으로 색다른 맛을 가진 곳이다.

영국, 스페인, 프랑스와 같은 나라들은 알래스카에서 경제적으로나 군사전략적으로 유리한 고지를 차지하려고 올드 케나이를 두고 각축전을 벌이기도 했다. 그런 와중에 러시아가 이곳을 선점하면서 알래스카에 매장된 자원을 마음껏 활용하게 되었다.

그 후 1867년에 러시아는 알래스카를 미국에 팔게 되고 (720만 달러)

미국은 미군을 주둔⁽¹⁸⁷⁰년⁾시켰다. 알래스카가 미국의 하나의 주⁽¹⁹⁵⁹년⁾로 편입되면서 조그마했던 올드 케나이는 점점 큰 도시로 변모해 갔다. 군사시설과 미국인 학교 같은 기관⁽¹⁸⁶⁹년⁾이 들어서면서부터 이 지역은 끊임없이 발전해 왔다.

세계 제2차대전 이후 올드 케나이에는 통조림 공장에서 나오는 폐기물과 물고기 잡는 설비 같은 것을 해체할 때 나오는 널빤지로 집을 지었다. 어업의 급속한 발전으로 많은 노동력이 필요했고 일자리를 찾아 모여든 사람들은 마을을 만들어 살게 되었다. 케나이에서 얼마 안 떨어진 스완슨 강에서 유전이 발견⁽¹⁹⁵⁷년⁾되고부터 올드 케나이는 호황을 누리기 시작했다.

지금은 7500명의 알래스카 원주민, 러시아인, 미국인이 함께 사는 곳으로 어업, 사냥과 채집, 모피무역, 종교종사자, 통조림 공장 종사자, 오일 탐사 종사자들이 살고 있다.

올드 케나이는 아직도 문화의 합류점으로서의 역할을 해내고 있다.

D+13

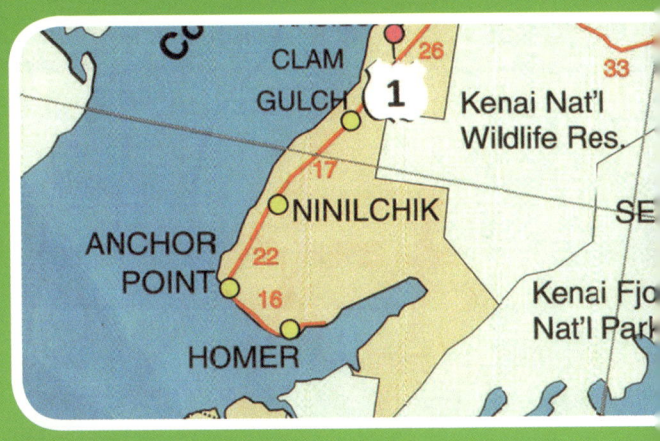

알래스카의 유원지, 호머

케나이를 지나니 흰색과 보라색 야생초가 길거리를 뒤덮었다. 다른 곳에도 이런 야생초가 없었던 것은 아니지만 이곳은 다른 곳에 비해 유난히 많았다. 그래 도로가를 아름답게 꾸미려고 심어 놓은 줄 알았다. 휴게소에서 쉬는 동안 꽃의 이름이 궁금해 현지인에게 물어 보았다.

"예, 흰색은 아메리카 방풍나물wild parsnip이고 보라색 꽃은 루핀lupine, 분홍색 꽃은 분홍바늘꽃fireweed입니다."

"정원에서 키우는 꽃입니까?"

하고 물어보았다.

"셋 다 야생초인데 분홍바늘꽃은 길가에 많이 피어 있습니다. 우아한 줄기와 밝은 마젠타 꽃이 밑에서부터 피어오르는 것이 특징입니다. 약효 성분이 있고 먹을 수도 있습니다. 샐러드에 곁들여 나올 때도 있습니다. 그리고 루핀은 야생에서 피는 꽃이지만 요사이는 화단에 많이 심어 가꾸기도 합니다. 보라색이 아름답지 않습니까?"

하고 되묻기도 했다.

"그런데 이 흰 야생초는 피부에 닿으면 피부 트러블을 일으키니 손에 닿지 않도록 하는 것이 좋습니다. 그리 반갑지도 않은 꽃이 번식력도 좋아 나무를 베어낸 자리에는 사람의 시선이 허전할까 봐 이 야생 파스닙이 무성하게 자라나고 있습니다."
라는 설명을 해 주었다.

이곳도 농사를 짓는 곳이 보이지 않았다. 아마도 이곳도 여름이 짧아 농작물을 가꾸기에는 일조량이 턱없이 부족한 모양이다. 그래 이런 야생화라도 알아서 피어주니 단조롭던 다른 하이웨이에서보다 맘이 환해져 왔다.

앵커 포인트에 가까워지자 우리의 원두막보다는 조금 높고 뾰족하게 생긴 집들이 보였다. 어떤 집은 차가 있는 것으로 보아 사람이 사는 듯했다. 이런 집들은 대개 바다를 향해 전망이 좋은 곳에 있었다. 동서고금을 막론하고 풍광을 즐기는 기준이 얼추 비슷해 조용하면서도 시내에서 멀지 않은 곳일수록 집 가격이 비싸다고 했다.

앵커 포인트에 들렀다. 인디언 모습의 젊은 아주머니가 근무하고 있었다. 호기심어린 눈빛으로 바라다봤다. 그리고 낯선 동양 사람의 관광안내를 해 준 것에 보람을 느끼는 듯 커피를 내려 놓았으니 마시고 가라는 친절까지 베풀어 주었다.

호머Homer 항구에 이르렀다. 다운타운을 차로 한 바퀴 돌았다. 제법 오래된 도시 같았다. 조그마한 도시이지만 병원도 있고 조그만 대학도 들어서 있었다. 시티 홀은 아담하게 거부감이 없을 정도의 크기로 정겹게 서 있었다.

호수에는 비행기가 떠 있고 사방으로 뻗은 길로 차들이 질주하고 있었다. 현지에 도착하면 제일 먼저 해야 할 일은 도시의 규모 파악과 숙소를 정하는 일이다. 이곳도 중간쯤 되어 보이는 여관은 160달러에 세금 별도였다. 시골일수록 시설은 낙후되었으면서 가격은 비쌌다.

다운타운을 둘러보는데 시청 옆에 음식점을 겸하고 있는 모텔이 보였다. 외형적으로 보아 여관비가 좀 쌀 거라는 느낌이 들었다. 처음에 카운터에 일을 보던 아이가 갑자기 들어가더니 나이든 아주머니가 나왔다. 중국인이겠지, 여기까지 한국인이 와서 살리라는 생각은 아예 못했다. 그래 본능적으로

"빈 방 있습니까?"

하고 물었다. 그런데 아주머니는

"한국서 오셨습니까?"

억양이 한국인 것 같아서 금방 알아보았다고 했다. 그러더니

"방 있습니다. 한국으로 보면 여인숙 급인데 괜찮을지 모르겠습니다. 가격은 79달러입니다."

라고 말했다. 우리는 방에서 냄새 안 나고 시끄럽지 않으면 가능하면 싼 방을 원했다. 방의 크기가 어떻든지 우선 여관비가 싼 것에 맘이 들었다.

집 주인은 호머에 놀러왔다가 경치와 낚시에 반해 이 집이 나오기를 몇 년 동안 기다려 시카고에서 이곳으로 이사왔다고 했다. 사실

호머는 경치에 반할 만했다. 시카고도 경치가 아름답기는 하지만 너무나 많은 자본주의 냄새에 돈이 없는 사람은 주눅이 드는 곳이다.

물가는 시카고보다 호머가 더 비쌌다. 기름 값도 워싱턴 주가 1갤런에 3.6달러 정도였는데 이곳은 4.5달러에 육박하니 교통비가 더 들어 보였다. 채소하나도 배로 수송해 와야 하니 신선도도 문제이거니와 운송비 또한 만만찮을 것이다.

집값도 시카고보다 비싸다고 했다. 시카고에서 꽤 큰 집에 살았었는데 그 집을 팔고 산 집이 이런 정도라고 했다. 이 집도 대지가 600제곱미터 정도로 넓고 집도 큰 편이지만 오래된 집이고 아무래도 시골집인데 비싸다고 했다.

처음에는 주방에 일하는 사람을 두었는데 조미료를 쓰지 말라고 해도 자꾸 쓰는 바람에 주인 아저씨가 직접 요리를 한다고 했다. 여기에는 한국 사람이 살지 않기 때문에 장사는 모두 외국인을 상대로 하고 있었다. 그러니 음식도 한식보다는 중국 음식, 일본 음식을 뷔페식으로 제공하고 있었다. 이것은 현지화하려는 노력의 하나라 할 수 있다. 한식으로 하려면 채소류의 공급이 원활해야 하는데 이곳 호머에서는 기대하기 어려운 하나의 바람 같았다.

그의 딸은 한국말을 아주 잘 했다. 일부러 한국말을 가르친다고 했다. 학교에 가면 한국 사람이 없어 영어로만 말하기 때문에 딸이 외로워한다고 했다. 늦둥이지만 어리광 부리지 않고 식당일을 돕고 있었다. 그래도 시카고에 있을 때는 한국 사람이 많아 친구도 제법 있었는데 하면서.

한국인이 운영하는 이 모텔에서 이 도시에 대해 잠깐 안내를 받았다. 이곳 주위를 차로 한번 돌아보는 코스를 알려 주었다. 한 코스는 도심을 돌아 도심의 배경이 되고 있는 뒷산을 한 바퀴 도는 코스였고 다른 한 코스는 부두를 중심으로 투어하는 코스였다. 먼저 시내를 한 바퀴 돌면서 다운타운과 그에 연해 있는 해안을 둘러보기로 했다. 차를 타고 산 중턱으로 올라섰다. 이곳의 집은 다운타운과 같이 낡은 집이 아니었다. 규모 면에서도 컸지만 정원이며 집을 페인트칠한 거며 주위 분위기에서 풍기는 모든 것이 부유한 사람들 집 같았다.

안내해 준 길을 벗어나 다른 길로 한 번 가 보았다. 집들이 그림 같았다. 나무들이 없는 묵은 밭에는 땅이 비옥해서인지 야생 방풍나물이 일 미터 정도 크기로 자라나 있었다. 다행히 이게 있어서 조용하고 외롭게만 보이던 집 분위기를 따뜻하고 정겨운 정경의 집으로 바꾸어 놓았다. 비록 독성이 있다는 방풍나물이기는 하지만 그래도 꽃인데 아름다움에 마음이 끌릴 수밖에.

반대편 산 능성의 집은 호머 해안을 환히 바라다 볼 수 있었다. 그걸 보고나서 코스를 찾아 더 높은 곳으로 올라갔다. 거기에서는 호머 해안의 작은 반도가 보였다. 그 반도에는 해변을 중심으로 빙둘러가며 배가 정박해 있었고 상가들도 해안을 따라 즐비하게 늘어서 있었다. 그래 다운타운의 상권을 반도 모양의 부두 쪽에서 빼앗아간듯 했다. 해안 건너편의 산은 빙하로 덮여 있는데 구름에 가리어 그 전체의 모습을 좀처럼 보여 주지 않았다. 그러고 보니 호머의 관광 핵심은 다운타운의 해안가와 반도인 것 같았다.

　조금 있으니 이 뷰포인트에 일가족 대여섯 명이 찾아왔다. 한참을 사진을 찍어가며 시끌벅적이더니 우리와 반대쪽으로 내려갔다.
　다시 가던 길을 계속해 갔다. 이젠 숲속 길이 나왔다. 집은 그리 좋아 보이지 않았다. 그래 큰길을 타고 내려가 보니 다운타운의 초입이었다.
　이젠 다른 관광코스인 반도 모양으로 생긴 곳으로 가 보았다. 위에서 보면 조그마해 보이던 것이 반도에 들어서보니 그 형체를 알아볼 수 없을 정도로 컸다. 널찍한 주차장에는 차들이 빼곡히 주차해 있었다. 부두의 먼 곳에 차를 주차해 놓고 주위를 걸었다.
　부두에는 큰 배보다는 작은 배들이 도크에 열을 지어 정박해 있었

다. 수어드 보다 크다, 깨끗하다, 질서가 있다는 느낌은 들지는 않았지만 그래도 정리정돈은 나름대로 잘 되어 있었다.

　한 군데 들리니 바다낚시를 해서 잡은 하얀 속살의 물고기를 손질하고 있었다. 수어드에서는 붉은 속살을 가진 연어였는데 이런 흰색 속살을 가진 고기는 어떤 고기일까. 물어보니 핼리벗^{halibut}이라고 했다. 처음에는 철자를 잘 몰라 그 이름을 문자로 써 달라고 부탁을 하기까지 했다. 핼리벗은 이곳에서 잘 볼 수 있는 흔한 고기였다.

　고기를 손질하는 시설은 수어드에서 보았던 것보다 규모가 작아 보였지만 작업대는 청결을 유지할 수 있도록 스테인리스로 되어 있었다. 씻는 물은 손이 따가울 정도로 물살이 셌다. 위생을 위해서 사람들이 접근하지 못하도록 그물을 쳐 놓고 작업했다. 여기에서도 수어드에서와 마찬가지로 고기의 내장과 고기 대가리를 먹지 않았다. 그들은 어두일미魚頭一味라는 말을 모르는 듯 몸통 부분을 제외하고는 다 버렸다. 고기를 잡은 사람은 손질이 다 끝나기를 기다려 수고비를 주고는 포장된 고기를 가지고 갔다.

    손질한 생선은 RV로 가서 요리해 먹는다고 했다. RV 자체가 무빙 하우스이고 가족 단위이다 보니 요리하는 것쯤은 문제가 되지 않는다고 했다. 그래 낚시와 요리의 즐거움은 여행하는 동안 내내 이어진다고 했다. 그러나 무빙 하우스에서 생활하는 사람은 대개 70세가 넘어 보이는 사회의 은퇴자로 늘그막에 이런 즐거움에 빠져보는 듯했다.

주변을 관광하고 돌아와서 내일 아침 일찍 떠난다는 이야기를 전하러 모텔 주인에게 간 아내가 오랜 시간 동안 돌아오지 않았다. 그러더니 호머에 대해 설명해 준다고, 그러면 글쓰기에 도움이 될 거라고 데리러 왔다. 식당으로 내려가서 알래스카 전반에 대한 이야기를 들었다. 이곳의 반도는 화산 폭발을 하면서 흘러내린 용암이 만든 괴이한 지형이라고 했다. 그리고 이 집은 한국 사람이 소유했던 것을 5년 전에 휘티어로 이사 가면서 넘겨주고 갔다고 했다. 먼저 살고 있던 사람은 손재주가 있어 이것저것 필요한 것을 자기 스스로 고쳐 썼다고 했다. 주인 아저씨는 그런 솜씨가 없는 것을 못내 아쉬워하는 눈치였다. 어디에서 살던 생활에 필요한 용품의 기본적인 수리 정도의 교육

이 필요하다는 생각이 들었다. 실과를 배우기는 했지만 실물도 보지 않고 말로만 들었으니 조그만 것에도 손을 놓을 수밖에 없는 듯했다.

호머에 와서는 지금까지 레스토랑을 운영하며 그냥저냥 산다고 했다. 애들이 시카고 있을 때보다 답답해서 안 되기는 했지만 나름대로 경치 좋은 데서 보람이 있는 삶을 산다고 했다. 그리고는 이곳에 사는 새들에 대한 문헌과 호머 옛 지도를 하나 넘겨주었다. 그간 낯선 나라에서 적응해가며 사는 것도 힘들었을 텐데 여행객의 어려운 마음까지 배려해주니 참 고마웠다.

아침 일찍 일어나 이 집을 오래 기억하고 싶어 사진을 찍어 놓았다. 주인이 단잠에 빠져있는 시간에 호머를 한 바퀴 다시 둘러보고 그곳의 아름다움을 뒤로한채 앵커 포인트 쪽으로 나왔다.

바깥활동 하기에 알맞은 데다가 고집스런 생각까지 받아 주는 자연의 포용력에다, 자기 생각을 자유롭게 표현해도 흉을 보지 않는 사람들끼리 사는 호머 사람들은 행복해 했다. 호머는 이렇게 함께 어우러지도록 자연이 만든 타운이었다. 이런 면에서 호머는 케나이 반도에 있는 '알래스카의 유원지'로 불릴만 했다.

유원지 호머는 미개발된 자연과 대양으로 둘러싸인 스털링^{Sterling} 하이웨이 끝에 있으며 카체마크^{Kachemak} 만에 자리 잡고 있다. 그리고 톰 보데트^{Tom Bodett}의 소설 《The End of The Road》로 더욱 유명해졌다. 호머는 크루즈로, 보트로, 비행기를 타고 큰 도시로 갈 때의 출발점이 되기도 했다. 주변 지역에는 생산기지가 없어 주민 대부분은 상업과 서비스업에 종사하면서 살아가고 있었다.

그리고 호머는 화물을 나를 수 있는 심해 부두가 있고 악천후에도 안전하게 정박할 수 있는 항만시설이 갖추어져 있었다. 호머 사취는 고대 빙하기의 빙퇴석이 대양 해류에 의해서 변화된 잔류물로 북서에서부터 밀어닥치는 겨울 폭풍으로 모래와 자갈이 씻겨나가고 그나마 남아 있는 것은 바위와 같이 단단한 돌뿐이었다.

호머에 처음에 정착한 사람들은 1896년에서 1902년 사이 사취의 끝에 집을 짓고 모여 살다가 1960년대에 들어서면서부터 사취 기저 근처에 집을 짓고 살기 시작했다. 그렇게 해서 호머의 두 번째 커뮤니티가 생긴 것이다. 이후 더 많은 이주자가 지역으로 들어오면서 사람들은 언덕기슭에까지 집을 짓고 살게 되었다.

핼리벗의 수도, 호머

반도 끝 호머 항에는 고급 호텔이 있었다. 이 호텔은 겉모양부터 우아해 감히 그곳에 머물겠다는 엄두도 내지 못해 가격 조차 묻지 못했다.

이곳은 관광의 핵심인 낚시터가 있고 커다란 크루즈가 정박해 하루를 머물고 갈 수 있는 좀 복잡한 곳이다.

여기에다 이곳은 주위 빙하 산에서 흘러내리는 빙하수가 있어 소금 농도가 낮다. 그래서 바다 특유의 갯냄새나 비린내도 나지 않았다. 특히 이곳 호머는 '세계 핼리벗의 수도'라고 할 만큼 고기들이 많아 관광객들은 핼리벗을 낚는 스릴에 빠져볼 수 있는 곳이다.

핼리벗 낚시대회가 개최되는 여름날에는 하루에 10달러짜리 티켓을 사서 낚시도 하고 운이 좋으면 상금을 타갈 수도 있다. 이런 재미로 낚싯꾼 수천 명이 호머에 모이기도 한다. 2011년에 350.8파운드 핼리벗을 잡은 낚시꾼(차드 알드리지; Chad Aldridge)에게 2만 8260달러의 상금

이 돌아가기도 했다. 매달 5명의 우승자에게는 250~1000달러를 주기도 한다. 그 다음으로 인기가 있는 것은 연어 낚시이다. 연어 낚시는 일 년 내내 할 수 있다.

대부분의 사람들은 주로 여름에 와서 낚시를 즐긴다. 호머에는 핼리벗과 연어가 인기 있는 어종이지만 이외에도 볼락과 대구도 많이 살고 있다. 잡은 물고기를 가공해 주는 사람과 포장을 해 주는 사람이 있어 낚시한 고기를 집에까지 가지고 갈 것에 대한 걱정은 할 필요가 없었다.

　낚시 체험을 하려면 낚시를 전문으로 하는 가이드를 동반하는 것이 좋다. 낚시하는 시간은 한 나절, 하루 종일, 아니면 밤새도록 낚시를 할 수 있다. 낚시를 하려면 라이선스를 가져야 하고 낚시하는 사람 상호 간에 우의와 긍정적인 마인드를 가져야 한다. 보트를 전세내어서 하루 종일 낚시하는 경우 보통 아침 6시에 출발한다. 아침과 점심 식사는 선주가 제공해 준다.

　낚싯배 선장은 초단파 무선으로 물고기의 흐름을 찾아내 준다. 가이드는 미끼가 바닥에 닿을 수 있도록 낚싯줄에 추를 매달은 낚싯대를 체험을 하려는 사람에게 건네준다. 낚싯밥은 보통 청어를 사용하지만 가끔은 문어를 사용할 때도 있다. 낚시 바늘에 큰 핼리벗이 물리게 되면 릴을 감는 작업이 꽤나 힘이 드는데 이럴 때는 다른 낚시꾼과 함께 물고기를 끌어올리기도 한다.

　해변의 낚시꾼들은 넓적한 돌 위에 낚싯밥으로 사용할 생선을 돌 위에 올려놓고 칼로 잘라 낚시 바늘에 끼운다. 그리고는 낚싯밥이 달린 낚싯대를 힘껏 던진다. 릴에 감긴 줄이 던진 힘이 다할 때까지 풀려나간다. 그 다음에 낚시꾼은 낚싯줄을 살짝 당겼다가 놓아주기를 반복한다. 일분이 채 안 되어 30센티미터가 넘어 보이는 핼리벗이 바

닷물 속에서 요동치며 끌려오기 시작한다. 낚싯줄을 당기다 좀 쉬고 는 다시 당기기를 반복한다. 핼리벗이 지쳤을 때 낚싯줄을 당겨 잡는 다. 그리고 한번 만져 보고는 펜치pincers로 낚시 바늘을 떼어내고는 물 고기를 바닷물에 슬그머니 놓아준다. 처음에는 사는 것을 포기했는 지 물속에서 배를 드러내놓고 죽은 체 가만히 있다가 꼬리를 치며 넓 은 바다 속으로 미끄러져 들어간다.

    제스처가 유독 남다른 낚시꾼의 모습에 관심이 갔다. 그의 움직임 과 표정을 사진에 담으면서 다음에 잡은 고기는 어떻게 하는가를 유 심히 살펴보았다. 몸을 앞뒤로 흔들더니 낚싯대를 휘두르다가 자기 힘껏 바다 쪽으로 던진다. 고기가 낚였다. 낚싯줄이 고기의 크기에 비

309

례해 뻗어나간다. 낚시꾼은 율동에 맞추어 줄을 당겼다 놓아주기를 반복한다. 처음에는 마음대로 안 되는 듯 심각한 표정을 짓다가도 이내 웃더니 채 일 분도 안 되어 핼리벗 한 마리가 딸려왔다. 낚시꾼은 자기 낚시 바늘에 걸린 고기를 조심스레 당겨 잡고는 펜치로 낚시 바늘을 빼더니 놓아주었다. 그리고 보니 그의 낚시 도구에는 끌채나 잡은 고기를 담을 그릇이 보이지 않았다. 그는 단지 잡는 재미와 놓아주는 인정미에 빠져 낚시를 즐기고 있었다.

대여섯 살 정도로 보이는 중국계 한 어린이가 자기 옆에 있자 어디에서 왔냐고 묻더니 캘리포니아에서 왔다고 말하자 물고기를 잡아보라고 낚싯대를 건네주는 여유를 보였다. 애가 무거운 낚싯대를 당기지 못하고 포기하려 하자 꼬마 아버지가 살살 낚싯줄을 끌어당겨 고기를 잡았다. 낚시꾼은 잡은 고기를 가져가라고 말하자 젊은 중국인은 사양했다. 그리고 보니 다른 낚시꾼들도 고기를 잡되 가지고 가지 않고 놓아주었다.

알래스카는 야생으로 사는 생명체를 보호하고 있다. 그렇지만 지금 해변에서 잡은 물고기까지 보호하는 것은 아니다. 그런데도 대부분의 호머 해변 낚시꾼들은 잡은 물고기를 놓아주었다. 이런 사실을 아는지 낚시꾼의 손을 떠난 물고기는,

"아! 식겁했네."

그리고는 뒤를 한번 돌아보고는 감사하다는 말인지는 몰라도 꼬리를 힘차게 쳐대며 유유히 물속으로 빠져 들어갔다. 죽다 살아난 기분이 어떤지를 맛보고는……

이들 낚시꾼을 보고는 낚시도 하나의 스포츠구나 하는 생각을 하게 되었다. 우리 같으면 물고기를 많이 잡으려는 욕심으로 필요 이상 밑밥을 던져 물을 오염시킬 텐데, 이곳은 스포츠 정신이 배인 낚시를 하고 있었다. 그리고 낚시꾼이 머물다간 곳은 깨끗하게 잘 정돈되어 있었다.

낚시꾼이 왔다간 흔적으로는 돌이 다른 곳보다 조금 더 반질거릴 뿐, 그 어느 것도 남겨 놓지 않고 떠나는 그들의 뒷모습. 바로 이런 것이 아름다운 모습이다 싶었다.

우리의 낚시터에 가면 썩는 내가 진동한다. 너무 많은 밑밥에 썩어 진동하는 물, 그런 물에 물고기의 눈동자는 희멀건 해 보기에도 안타깝다.

낚시를 하는데 큰 산이 밀려들듯 크루즈 한 대가 미끄러지듯 부두로 들어왔다. 알고보니 낚시하는 바로 옆에 높다랗게 세워둔 다리가 크루즈가 접안할 수 있는 선착장이었다.

크루즈는 움직이는 둥 마는 둥 하더니 어느새 배를 슬그머니 선착장에 정박시켜 놓았다. 배가 정박을 했으니 해가 뜨면 관광객을 태울 리무진이 주차장에 즐비하게 늘어설 것이다.

포티지 밸리

호머에서 앵커리지로 돌아오면서 처음 들렸던 포티지 밸리Portage Valley에 들렸다. 포티지 호수 주위의 트레일 코스를 따라 빙하가 있는 곳으로 가기 위해 나무 사이를 비집어가며 2킬로미터를 걸어서 갔다. 사람이 다닌 흔적이 있긴 하지만 나무터널 형식이어서 몸을 꾸부리고 가야했다. 질퍽한 곳은 슬리퍼에 물이 들어가지 않게 나무 밑동에 나와 있는 뿌리를 디뎌가며 기어가다시피 걸었다. 길이 없는 곳은 낭창한 나뭇가지를 양 옆으로 재끼며 길을 헤쳐 나갔다.

뱃살이 있어서 허리를 꾸부려가며 걷는 것은 당연히 고역이었다. 진땀을 뺐다. 살을 빼야겠다는 결심을 하기는 했다. 그게 작심삼일作心三日이긴 하지만.

그렇게 힘들게 빙하 근처에까지 갔다. 빙하에서 쏟아내는 냉기는 꾸부려가며 오느라 땀으로 흥건해진 등덜미까지 오싹하게 해 주었다.

산 계곡에는 빙하가 두껍게 쌓여 있었다. 계곡 양 언저리의 빙하는 계곡만치는 아니지만 그래도 두꺼웠다. 햇빛에 빙하가 반짝거렸다. 양지바른 곳의 빙하가 녹아내렸다. 빙하수는 빙하 아래로 물길을 내가며 계곡으로 흘러내려 갔다.

　같은 빙하에서 흘러내리는 물이지만 색깔이 제각각이었다. 암반 위로 흐르는 빙하수는 맑고 투명하지만 산에서 깎여 나온 바위 부스러기 위를 흐르는 물은 거무스름한 모래와 뒤섞여 희뿌연했다. 두꺼운 빙하 속으로 흘러내리는 물줄기는 검은 모래를 궁굴려가며 흘러내리느라 내는 마찰음 소리 때문에 시끌벅적했다. 여기저기에서 들리는 물 떨어지는 소리, 모래 떨어지는 소리, 방문객의 발자국 소리가 함께 어우러져 포티지 밸리만의 화음을 만들어냈다. 겨울에는 모든 것이 얼어붙어 고요하기만 하던 계곡이 성하의 계절에는 만물이 우렁찬 모습을 자축하느라 주위가 어수선했다.

이런 음률을 듣고 자란 나지막한 나무들이 포티지 밸리를 가득 메웠다. 어떤 나무는 빙하에서 흘러내리는 물에 바르르 떨고 있었다.

한 시간 정도를 계곡의 빙하와 함께 하고는 왔던 길을 되짚어 나왔다. 그 길이 시원하게 뚫리지 않아 조금 걷고는 다시 허리를 펴 가는 길이 맞는지를 확인해 보아가며 길을 잡아갔다. 캠핑장 주차장까지 가는 길이 제법 되어 좀 지루하기까지 했다. 오싹해진 몸에 땀이 흘리기 시작했다. 캠핑장 주차장에 도착해서 보니 관광객들은 차를 그늘에 세워 놓고 벤치에 앉아 쉬고 있었다.

잠시 휴식을 취하고 얼마 안 되는 거리에 있는 포티지 호수에 들렀다. 비 올 때의 그런 분위기는 나지 않았지만 많은 사람들이 배를 타고 호수를 한 바퀴 돌면서 투어의 흥을 돋우는 데는 그만이었다.

산 쪽에는 등산 코스가 있고 그 길은 숲속 오솔길이었다. 이 길을 한번쯤 걸어 볼만했다. 포장된 길을 차로만 다니다가 흙이 있는 길을 걸어보니 어딘지 모르게 어렸을 때의 고향 정취가 느껴졌다.

이런 느낌을 배워 보려고 한 무리의 학생들이 배낭을 둘러메고 숲속 오솔길을 걸어 들어왔다. 학생들은 문명의 이기에서 잠시나마 벗어나 힘은 좀 들겠지만 자연과 함께 호흡하면서 '나도 자연의 일원이다'라는 것을 배우고 있었다.

관광안내소 주변 호수에는 큰 빙하가 떠 있었다. 앞산 빙하 줄기에서 떨어져 나온 것 같았다. 이런 빙하가 신기한 듯, 동물원의 동물을 관찰하듯, 사람들이 운집해 뚫어져라 바라다보고 있었다. 빙하는 호수 물을 수정 같이 맑고 깨끗한 느낌을 갖게 해 주었다.

포티지 밸리에서 추가치 국유림을 따라

추가치 국유림에서 바라보는 바다는 지금 밀물 중이었다. 바닷물이 찰랑거린다. 모래톱도 사라지고 중간에 있던 조그만 호수마냥 남아 있던 웅덩이도 보이지 않았다. 물에 촉촉한 모래톱에 살짝 남아 있던 하늘의 그림자도 보이지 않았다. 썰물 때 보였던 모래톱의 갯벌이나 그에 비친 은은한 산의 여성스러운 모습도 보이지 않았다.

처음에는 물이 찰랑거리는 것이 풍족해 보일 거라는 생각을 했다. 그런데 바닷물은 은근한 분위기의 느낌을 다 씻어갔다. 비올 때는 날이 좋았으면 했는데 막상 햇볕에 산 중턱을 휘감은 구름까지 없어지고나니 빙하가 반짝거려 대머리 산은 좀 멋대가리가 없어 보였다.

오는 길에 거드우드 Girdwood라고 쓴 길로 들어가 보았다. 길은 2차선으로 되어 있었다. 들어가는 길 양 편에는 중산층으로 보이는 사람들이 사는 듯했다. 길따라 들어가보니 두서너 집이 있었다. 집 크기는 서로 달랐다. 어떤 집은 좀 서민적이어 보이고 어떤 집은 좀 여유가 있어 보이는 집이었다. 집을 손질해가며 사는 듯 깨끗했다. 도로가에는 주차하지 말라는 입간판이 곳곳에 서 있었다.

안으로 더 들어가 보았다. 조그만 개울 위에 놓인 작은 다리를 건너니 저택이 몇 채 들어서 있었다. 궁궐같이 지어 놓은 것을 보면 물이 졸졸 흐르는 개울과 집을 향해 늘어 선 나무들의 운치가 맘에 들었던 모양이다.

얼마 안 가 상가가 나오고 산꼭대기를 향해 리프트가 때를 잃은 듯 우두커니 매달려 있었다. 스키장인 듯했다. 지금은 여름이라 그냥 때를 기다리며 쉬고 있었다. 스키장 주차장에는 하릴없이 서 있는 리프트를 보면서 정원의 꽃을 배경으로 사진을 찍는 사람들의 차 몇 대만이 자리를 지키고 있었다. 곳곳에는 겨울철에 사람들이 즐겼을 시설들이 덩그렇게 서있었고 휴게실은 개점 휴업상태였다.

여기에서 조금 안으로 더 들어가 보았다. 여러 개의 주차장이 있었다. 포장이 되지 않았지만 주차장과 주차장 사이는 나무들로 경계를 지어 놓았다. 건물에 가까운 곳부터 차들이 주차해 있었다. 차를 주차해 놓고 건물 있는 곳으로 가 보았다.

짙은 갈색의 품위가 있어 보이는 꽤 높은 현대식 건물이 눈에 들어왔다. 그 건물은 곤돌라 승강장을 갖춘 호텔이었다. 여기에서 곤돌라를 타고 산 정상에 오르면 추가치 국유림의 산을 조망할 수 있게 되어 있었다.

이곳에는 본래 글레이서 시티로 금세기 초까지 금광이 있었다. 거드우드라는 지명은 아일랜드에서 이민 온 아마섬유 무역상인 제임스 거드우드 James Girdwood의 이름을 딴 것이다. 현재 거드우드에는 레저 시설을 운영하는 사업가와 서비스를 하는 사람, 레저 활동을 하

는 사람, 앵커리지로 출퇴근하는 사람 등 다양한 사람이 살고 있었다.

그 다음에는 거드우드에서 앵커리지 쪽으로 얼마 안 가서 새롭게 개발된 주거지역으로 인디언 로드가 나왔다.

인디언 로드는 택지가 분양되었지만 아직 집을 짓지 않은 곳이 많았다. 택지마다 묻혀 있는 가스관과 계량기가 잡초들과 함께 서 있었다. 어떤 곳은 하얀 천에 '집을 팝니다'라고 쓴 조그만 플래카드를 필지에 있는 가문비나무에 묶어 놓았다. 어떤 필지에는 '여기에 있는 터를 팝니다'라는 글을 쓴 말뚝이 박혀 있는 곳도 보였다.

사람이 살고 있는 집들은 쭉 뻗은 나무속에 지어져 있었다. 어떤 집은 나무 사이 길을 통해 차가 들어갈 수 있게 해 놓았다. 차가 한 대씩 서 있었다. 여기에 있는 집은 우리의 절간같이 조용했다.

주택가의 한쪽에는 시냇물이 흘러내리고 있었다. 많은 물은 아니지만 마을분위기가 한층 더 운치 있어 보이게 하기에 충분했다. 집은 들어서 있지만 메인 도로에서부터 집안으로 들어가는 진입로가 포장 안 된 집이 많았다. 어떻게 된 일인지 이런 집이 마음에는 소박함으로 더 다가왔다. 흙을 밟고 들어가는 길은 순박하면서도 꾸밈이 없어 보였다. 이런 정취에 논두렁길 따라 걷던 추억이 되살아나기도 했다.

메인 도로의 막다른 길에 다다르니 더 이상 갈 수 없다는 표시와 함께 바리케이드가 쳐져 있었다. 주택단지의 끝인 듯했다. 이런 것을 보면 이 주택단지는 다른 지역에 비해 그리 커 보이지 않았다.

이 길을 나와 조금 더 앵커리지 쪽으로 가다보면 포터 마시[Potter Marsh]라는 곳에 이르는데 그 옆에 포터 로드가 있다. 포터 로드를 타고 산 위쪽으로 올라가면 갈수록 추가치 국유림 앞 바다와 산을 같은 높이에서 또렷하게 볼 수 있다. 경사가 인디언 로드보다는 급하고 길지만 앞이 확 트인 것이 전망만은 어디에 내놓아도 손색이 없었다. 가는 길에는 전망을 살려 지은 집이 늘어서 있었다. 대개 2층으로 그 규모가 컸다. 앵커리지의 부자들이 이곳에 다 모여 사는 듯했다. 앵커리지에서 20킬로미터 정도 떨어진 곳이니 출퇴근하기에도 적당한 거리인데다 경치까지 좋은 곳이니 일석이조一石二鳥라는 말을 들을 정도였다.

고불고불한 길을 따라 정상으로 올라갈수록 집의 규모가 컸다. 모양도 궁전처럼 우아하고 품위가 있어 보였다. 경사인데도 널따란 정원에 연록의 잔디들이 깔려 있었다. 조망이 좋은 곳은 단층으로 지었고 앞에 나무가 있어 전망이 가리는 곳은 바다를 조망할 수 있게 2층으로 지었다. 집 발코니에는 플라스틱으로 만든 원탁이 놓여 있고 그 주위에는 안락의자들이 빙둘러가며 있었다. 주민들은 쉬는 날이나 일을 마치고 돌아와서는, 집 건너편에 있는 산과 수시로 변하는 바다의 모습을 보며 여유를 즐기고 있었다. 이곳은 페어뱅크스와는 달리 정원 잔디에 생기가 있었다. 이곳은 수시로 내리는 비에 꽃과 잔디가 활짝 피어 환하게 웃어 주었다.

포터 로드를 구경하고 앵커리지로 향했다. 햇빛이 구석구석에까지 비춰 주었다. 풍경의 본 모습을 자세하게 볼 수 있었다. 그래서인지 알래스카의 은근하면서 그 속에 담긴 신비성이나 알래스카의 운치감도 느낄 수가 없었다.

오는 길에 인디언 빌리지라고 해서 무어라도 있는가 싶어 한번 들렀다. 숙박업소와 음식점이 함께 있었다. 여기에는 앵커리지가 인접해 있어서인지 밖에 붙여 놓은 메뉴만이 우두커니 서 있을 뿐 사람의 그림자는 보이지 않았다. 조금만 더 가면 앵커리지인데 이곳에서 저녁을 먹어가며 잘 사람이 없는 듯했다. 그래 주차장에는 차가 들어선 흔적 위에 잡초가 수북이 나 있었다.

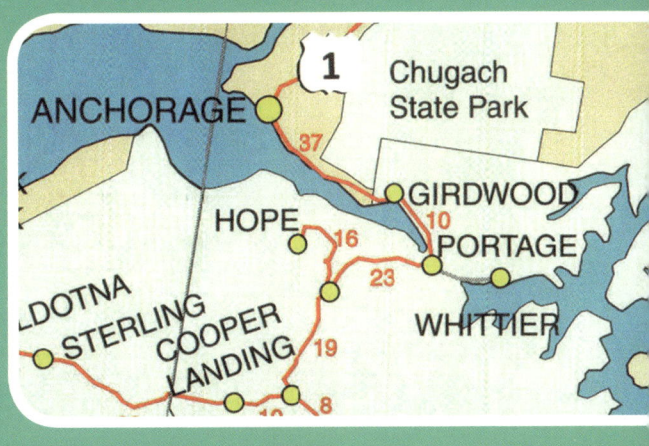

앵커리지

계획에 따라 원하는 관광지를 다 둘러보고 공항이 있는 앵커리지에 도착했다. 오후 7시 정도지만 이곳은 백야현상으로 해가 질 기미를 보이지 않았다. 겉보기에 좋은 여관은 이미 예약이 끝났다. 그래 조금 변두리에 있는 여관에 거실이 딸린 방을 구했다. 숙박비는 120달러였다.

방을 정해 놓고 식료품점에 가서 먹을 것을 사가지고 여관으로 온다는 것이 일방통행 길을 두어 번 왔다 갔다 하다 보니 방향감각을 잃어 그만 길을 헤맸다. 그로 해 계획에도 없는 다운타운의 야경과 변두리 주택가에 사는 사람들의 모습을 대충 훑어보게 되었다.

분위기가 살벌하다고 느껴지는 동네에 들어섰다. 마음이 덜거덩 내려앉았다.

차창 문을 열고 길을 물었다. 무슨 말인지를 알아들을 수가 없었다. 알고 보니 그 사람은 만취한 상태였다. 취객은 차 창문에 매달려 태워달라고 했다. 참 난감했다. 어떻게 할까? 순간적으로 좋다고 했다. 그리고는 짐을 가지러간 사이에 차를 달렸다. 취객은 뭐라 고함

을 쳤다. 그 취객에게는 안되었지만 낯선 도시에서 낯선 취객을 처음 접해 본 터라 좀 당황했다. 안전을 위해 어쩔 수 없었다. 값싼 동정이 잘못하다가는 큰 화를 불러일으킬 가능성이 컸다. 7시 정도에 술에 녹초가 된 사람이라면 정상적인 생활을 하는 사람이 아닐게 뻔했다. 그곳을 빠져나오느라 진땀을 뺐다.

그 이튿날 앵커리지 주변의 볼거리를 보기로 했다. 안내책자에는 박물관, 전통 공예품 전시장, 야시장, 동물원이 있었다.

동물원은 도심에서 한 20분 정도 나가야 했다. 그곳에는 많은 관광객들이 이미 와 있었다. 그들은 얼굴만 보고 경로우대 표를 끊어 주었다. 동물원 안에 들어가 처음 보는 초식동물도 보고 우리가 흔히 볼 수 있는 산양, 곰도 보았다. 동물이 있는 숲속 산책길을 따라 가족과 함께 걸으면서 도란도란 이야기를 나누며 산책할 수 있게 꾸며진 공간이었다. 동물원에는 제법 큰 시냇물이 흘렀다. 다리 위에서 시냇물 소리를 들으면서 길을 걸어가다 무스를 만났다. 무스는 사람 곁으

로 다가와 "먹을 것 좀 주세요." 하는 눈빛이었다.

　시내에 있는 다른 한 공원에 들렀다. 공원에는 사람들이 식사를 하면서 머물 수 있는 공간도 마련되어 있었다. 주변의 거리를 따라 운전을 하면서 호수 옆에 있는 그림 같은 집을 볼 수가 있었다. 앵커리지 다운타운에 있는 부자 동네 같아 보였다. 잘 정리된 정원의 꽃과 잔디밭에다, 1층이건 2층이건 발코니에는 의자 한두 개 정도 내놓았

다. 여기에 머무는 사람은 안개에 살짝 가려진 호수와 바람에 살랑거리는 이파리들을 보면서 시 한 수를 읊을 것 같은 분위기였다. 거리에는 개를 데리고 조깅을 하는 사람도 있었다. 그들은 힘들어 보이지만 얼굴에 배어나오는 구슬땀에 근심까지 함께 쏟아내는 듯했다.

   그 다음에는 다운타운으로 향했다. 다운타운은 아주 작았다. 한두 블럭을 지나니 바로 한산한 골목길 같은 느낌의 거리로 바뀌었다. 도심 거리에는 분홍 꽃 자주 꽃이 어우러져 거리를 아름답게 꾸며 놓았다.

어디를 가나 주차료를 내야 했다. 시내 관광을 하려면 많은 시간을 주차해야 했다.

제일 먼저 박물관에 들렀다. 4층부터 구경을 하면서 내려오기로 했다. 4층에는 한 작가가 찍은 30여 점 남짓한 매킨리 산의 흑백 사진이 전시되어 있을 뿐이다. 넓은 전시장에 사진만 덜렁 걸어 놓은 것에 좀 실망스러웠다. 그래도 순간포착의 묘미를 느껴가면서 전시된 사진을 찬찬히 훑어 보았다. 비행기를 타고 격랑의 매킨리 산을 찍은 사진에 한참 동안 발길이 멈추어 섰다.

이제 3층에 기대를 걸었다. 여기에도 마찬가지로 사진으로 가득 차있었다. 페어뱅크스의 알래스카 대학에서 본 수준에 못 미치는구나 하고 실망했다. 2층으로 내려왔다. 여기에는 'The North'라는 테마로 그림(338쪽 사진 참조)이 전시되어 있었다. 그림이 사람의 마음을 감성적으로 만들어 주는 그런 유화작품이었다. 이런 작품에 한참 동안 시선을 빼앗기기도 했다. 우선 테마의 의미부터 알아야 했다. 그래야 오래된 그림이지만 작품을 이해하는데 도움이 될 것 같았다. 그래 안내원에게 'The North'의 의미에 대해 물어보았다.

"예, 'The North'는 캐나다, 스웨덴, 노르웨이, 알래스카와 같이 북쪽지방이나 나라를 의미합니다."

라고 알려 주었다. 그러니 왜 매킨리가 많이 나오고 알래스카에 있는 강을 주제로 한 작품이 많이 나오는지를 알게 되었다. 안개가 끼어 앞의 풍경이 보이지 않는 풍경의 작품도 어느 정도는 이해할만 했다. 작가가 처하고 있는 분위기가 어떠했는가도 조금은 알만했다. 이들 작품은 그간 알래스카를 돌아다니면서 접해 본 풍경과 많이 비슷했다.

비가 자주 와 풍경을 흐릿하게 하는, 그래 초점이 흐려지는 자연풍광의 단면을 보여 주는 작품도 보였다. 작가들은 이런 자연의 현상을 빠뜨리지 않고 캔버스에 담아 놓았다. 사실적인 듯해 보이지만 사람의 마음을 서정적으로 바꾸어 놓는 그런 작품이었다. 케나이 강에는 구름으로 검푸른 가문비나무를 살짝 가려 보일 듯 말 듯해 보이는 배경에 배타기를 하는 사람이 있는 서사적인 작품에도 한참을 머물렀다. 인생도 이렇게 변화무쌍한 격랑의 사회에서 외롭게 항해해

가며 사는 거라는 생각도 해 보았다.

  그 다음에 볼 수 있는 것은 에스키모의 생활상을 사진과 그림과 모형으로 나타내어 놓았다. 여기에 에스키모가 주로 입은 가죽 의류도 함께 전시해 놓았다.

  러시아인의 영토였으면서도 그들에 대한 생활상은 그리 많이 전시되어 있지 않았다. 그들의 생활상을 그림과 모형으로 재구성해 놓은 정도가 고작이었다. 이곳에 디스플레이된 내용으로 보면 알래스카 문화는 아무래도 원주민들이 주도적으로 만들어 간 듯했다.

  그리고 알래스카의 과거와 오늘이라는 테마가 있었다. 여기에는 석유의 생산과 이것을 파이프라인으로 연결해 운반하는 내용에 모래에서 금을 채취하여 이곳의 경제를 지탱해 온 이야기의 테마가 곁

들어 있었다. 전시장 한쪽에 설치되어 있는 서너 개의 모니터에는 알래스카 문화에 대해 반복적으로 디스플레이 해 주었다. 가죽으로 옷을 만드는 것이며, 고기 잡는 모습과 잡은 고기를 말리는 작업 과정, 개썰매를 이용해 빙하 위를 이동하는 모습과 선단을 이루어 항해를 하는 풍경이 소개되었다. 한참 동안 모니터를 보면서 에스키모인들이 살아왔던 모습에 흥미가 갔다. 그 중 몇 점을 캡처해 보았다(336-338쪽 사진 참조). 복도 한쪽 면에는 역대 올림픽을 개최한 도시와 포스터가 전시되어 있기도 했다.

1층에는 주로 지구과학에 대한 체험관으로 인기가 있었다. 어른들은 화산폭발을 할 때 지구내부의 용암의 이동과 폭발이 되기 전에 부풀어 오르는 용암, 폭발했을 때 피어오르는 불꽃이 나오는 현

　상을 화면에 손을 대어가면 체험해 보는 것에 관심이 많았다. 아이들은 비눗방울에 다른 비눗방울을 넣는 비눗방울 요술에 관심을 가지고 있었다.
　박물관을 나와 비를 맞아가며 알래스카 전통작품 전시관을 찾았다. 길거리 사람에게 물어보아도 잘 알지 못했다. 그래도 어떤 곳인지 궁금해 길손에게 다시 물어보았다. 그런데 바로 서 있는 그 건물이었다. 상점인 듯해 보여 아닌 줄 알았다. 간판을 보니 이름은 조금 다르지만 그런 의미의 집이었다. 에스키모가 만든 선물용 기념품을 팔고 있었다. 사람들은 빙둘러보면서 실망을 한듯 빠져나갔다.
　바닷가 주차장에는 우리로 말하면 야시장이 생겼다. 이곳의 야시장은 우리네와 별반 다른 게 없었다. 대개 음식점, 옷 가게, 기념품 파는 것이 주류를 이루어졌는데 먹는 곳에만 유독 사람이 북적거렸다.

여기에도 알래스카에 대한 그림이 진열되어 있었다. 작품성은 없지만 그런대로 알래스카의 특징을 잘 표현 놓은 작품이었다. 산, 강, 바다, 낚시, 개썰매를 소재로 한 작품이 주를 이루었다.

나지막하면서도 운치 있게 꾸며진 관광안내소에 들렸다. 안에 들어가 보았다. 비를 피하러 온 사람들인지 관광객인지는 모르지만 안에는 사람들로 북적였다. 안내원은 여러 사람이 있었지만 많은 관광객들을 응대하느라 진땀을 빼는 모습이었다.

이 안내소 창틀에는 각국의 이름 아래에 돈이 진열되어 있었다. 우리나라 화폐도 만원, 오천 원, 천 원짜리가 붙어 있었다. 우리나라 돈 일부가 다른 나라 밑에 있는 것을 말해 주었다. 안내원이 옮기겠다고는 했지만⋯⋯.

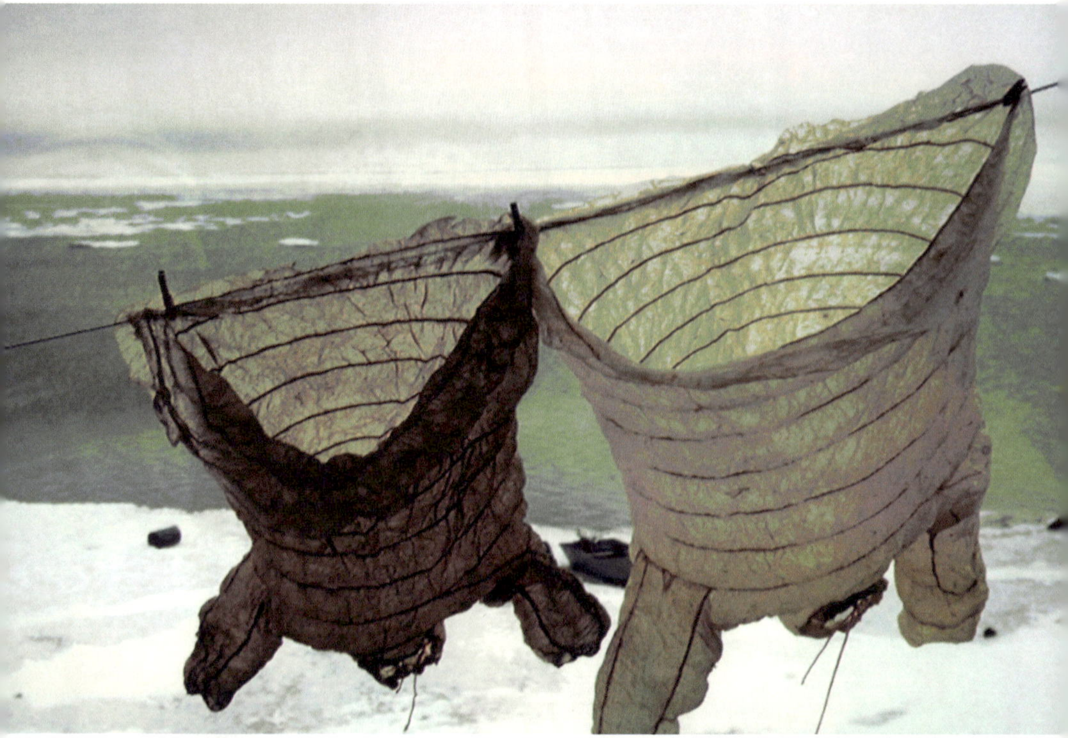

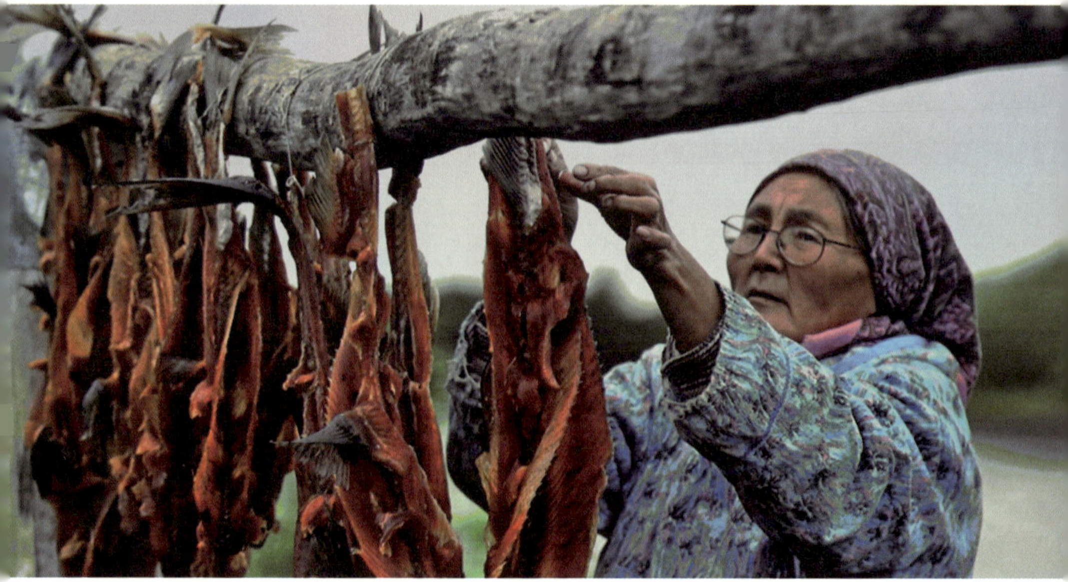

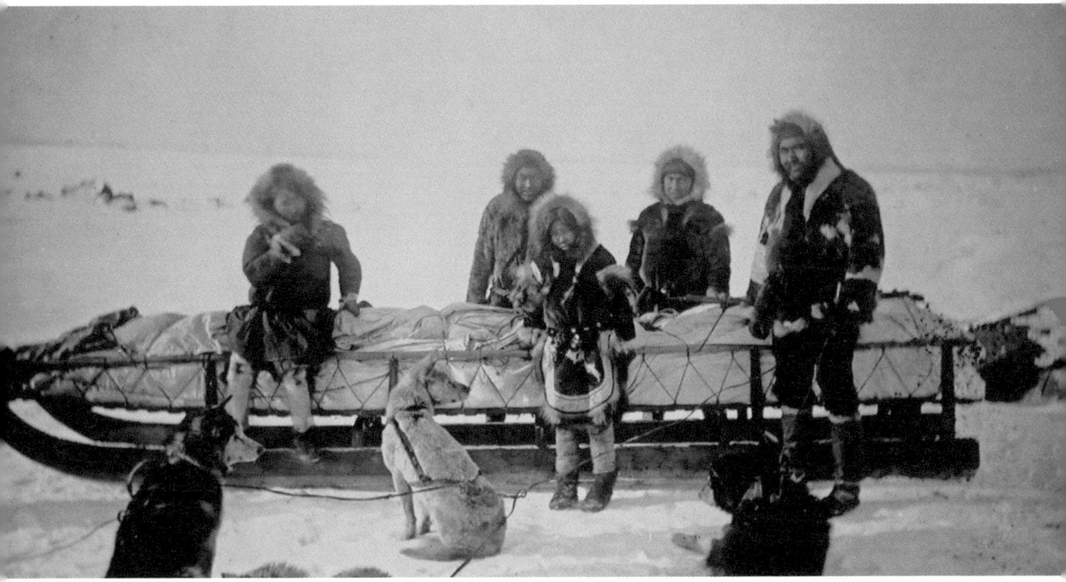

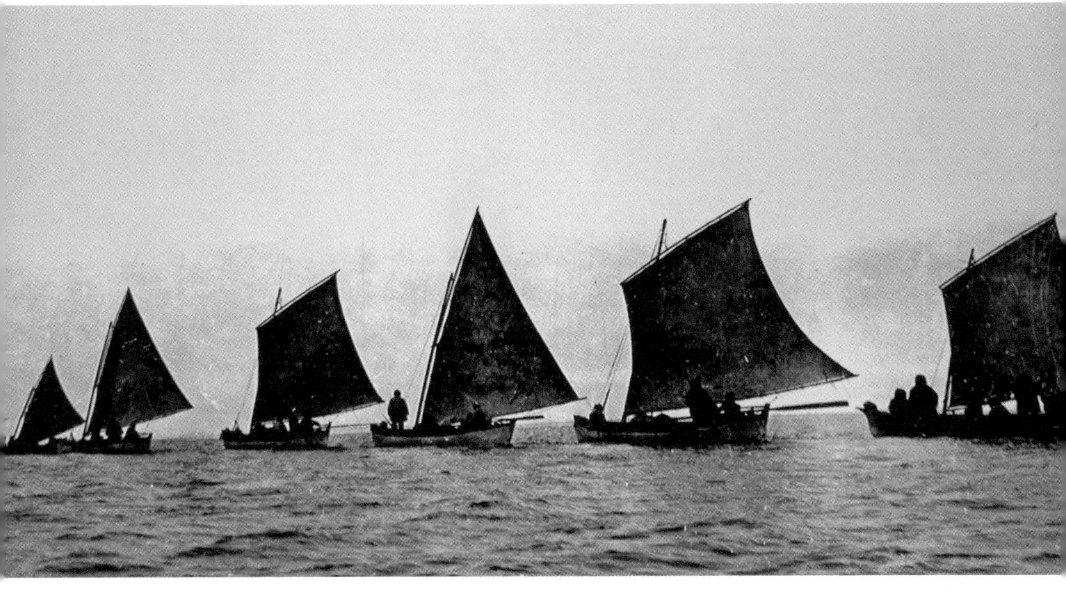

D+15

렌터카를 반납하고

앵커리지 시내 관광을 마무리했다. 그리고 차를 렌터카 회사에 반납하려 공항에 있는 렌터카 회사에 갔다. 반납하려는 차들이 줄지어 있었다. 언제 끝날지 몰랐다. 앞에 차는 무슨 문제가 있는지 일처리가 늦어지고 있었다. 그 차의 일처리를 잠시 미루고 우리 차의 주위를 살펴보고 연료 표시 창을 보고는 정산에 들어갔다. 그리고는 처음 계약할 때보다 200달러 정도 낮은 금액으로 정산했다. 아무런 사고를 내지 않은 것과 연료가 남아 있는 정도를 돈으로 환산해 환급해 준 것이다.

렌터카를 반납하고 나니 몸이 날아갈듯 가벼웠다. 열쇠 하나가 그리 무거웠던 모양이다. 열쇠가 하나 없어지니 몸도 마음도 한결 단순해져 마음이 편안해 왔다. 그리고 퍼져 있는 멍석을 두루 말아 다 접어가는 그런 느낌이었다.

공항에서 택시로 숙소까지 왔다. 시내 거리도 좀 여유로워 보이고 나무들은 아무런 생각 없이 서 있는 듯했다. 기본요금 2달러에 보통 여섯 일곱을 세면 25센트씩 올라갔다. 그래 팁과 함께 20달러를 주었으니 공항에서 숙소까지는 그리 멀지 않은 거리였다.

　공항에 갈 때는 전화 연락만 하면 택시가 온다고 했다. 마음 놓고 여관에서 쉬었다. 그간 15일 동안 알래스카를 관광하면서 뒤헝클어진 짐과 마음을 하나씩 가다듬어 갔다. 처는 짐을 챙기고 나는 카메라며, 메모리카드가 제대로 보관되고 있는지를 확인했다. 그간 비상약으로 가지고 다니던 소독약, 소화제, 두통약, 상처에 바르는 약 등은 임무가 끝난 것 같아 한데 모았다. 또 사진을 찍을 곳이 나올지 몰라 배터리도 충전했다. 그간 여행을 하면서 참고했던 안내책자도 정리하고 비행기 표가 있는지, 여권은 안녕한지 확인을 하고나니 마음이 홀가분했다.

　이젠 알래스카의 한 도시에 서 있는 내 자신의 모습이 보이기 시작했다. 낯선 곳의 사람과 한데 어우러져가며 여행을 하러 노력도 해 보았지만 미진한 게 많았다. 장시간 운전하다보니 피곤하기도 했고 미처 알지 못해 하고 싶은 일을 빼먹고 지나친 곳도 있었다. 그런 줄 알면서도 장거리 여행이다 보니 한번 지나쳐 온 길은 되돌아갈 수가 없었다. 미진한 것은 다음의 여행지에서 시간을 충분히 할애해 더 즐겁게 여행할 거라는 생각으로 마음의 위안을 삼았다.

　그렇게 하루하루를 지내온 것이 어느덧 알래스카에서만 18일을 머물렀다. 내일이면 알래스카에서 만든 새로운 추억을 안고 아쉽지만 에어 캐나다 편으로 다시 밴쿠버로 가야 한다.

글을 마치며

치어들을 가두어 키우다가 넓은 바다에 방류하면 어떤 행동을 할까. 맑은 물에서 마음대로 헤엄쳐 다니면서 광활한 바다에서 마음껏 호흡하고 자기 세상인 듯 자유를 만끽하는 모습은 아닐까.

처음에는 위험한 줄도 모르고 이곳저곳 돌아다니다 배가 고프면 자기보다 약한 생명체를 잡아먹으며 살지 않을까. 그러면서도 다른 힘센 생명체의 먹이가 된다고는 생각하지 않겠지.

사람도 그렇겠지. 조금 약하다 싶으면 집요하게 그곳으로 외연을 넓혀가려는 사람들의 꼼수, 그리고 국가들의 침략 야욕, 풍선효과라고나 할까. 그래 언제나 사람이 사는 곳은 시끄럽다.

알래스카는 고맙게도 소란스런 짐 내려놓고, 점잖은 짐만 챙겨들고 가벼운 마음으로 나머지 인생길을 떠나라고 일러 준다.

모든 것이 자연 그대로인 알래스카!

그래서 알래스카의 20% 정도가 미국의 국립공원이 된 모양이다.

큰맘 먹고 이곳에 온 사람들.

모든 것을 내려놓고 이승을 떠나려는 갠지스 강의 노인들처럼 많은 관광객들은 알래스카에 인연의 끈을 버리러 온 사람들로 보였다.

서로의 등을 내어주며 사는 여행객들은 한 손은 손을 서로 맞잡고 다른 한 손에는 카메라를 들고 다닌다. 그러다 맘에 드는 경치가 나오면 둘이 나란히 서서

"사진 한 장 찍어 주세요."

하고 카메라가 들린 손을 서슴없이 내민다. 찰카하는 순간 그들은 환한 미소를 지으며 큰일 하나 해낸 듯 가벼운 발걸음을 걸어 보인다. 그간의 낡은 짐을 새로운 가치가 담긴 짐으로 바꿔치기한 것이다.

우리 부부도 알래스카에 온 이상 이들과 같이 주위를 두리번거려 가면서

"어디에다 우리의 짐을 내려놓는 것이 좋을까."

한참을 생각하면서 흐르는 강을 한번 보고 빙하의 산을 보고 시시각각으로 변하는 푸른 하늘을 바라보는 아내의 얼굴을 바라다보았다. 주름살이 많이 생겼다. 언제 이렇게 많은 주름살이 생겼을까. 주름살이 인생 계급장이라고는 하지만 그래도 이것만은 졸병 계급장이었으면 했는데.

벌써 둘이 같이한 세월이 이만이 흘렀단 말인가.

그간 눈만 뜨면 둘이 직장에 가느라고, 그래 40년이 흘러도 그게

안 보이더니만.

  모든 시선을 버리고 하나의 시선으로 아내의 모습을 바라다보니 이제야 그 주름살 속에 담긴 의미심장한 인생의 의미를 조금은 알 듯했다.

  이렇게 빨리 흐르는 세월이라면 좀 더 알뜰살뜰 살 것을.

  지금이라도 그렇게 살련다. 비록 늦은 감이 있지만.

안전한 여행을 위해...

1. 음식 쓰레기를 버리지 않는다.
2. 하이킹을 한다면 계획을 꼼꼼히 짠다.
3. 비상 장비를 준비한다.
    (담요, 부싯돌, 거울, 나침반, 방충제, 응급처치용 구급약, 여벌의 옷 등)
4. 핸드폰이 통화가 되지 않을 수도 있다는 점을 염두에 둔다.
5. GPS와 지도를 휴대한다.
6. 선박에서는 안전수칙을 지킨다.
7. 야생동물을 만났을 때
    @ 느리게 행동한다.
    @ 소음을 낸다.
    @ 접근하지 않는다.
    @ 음식물 쓰레기를 가져가지 못하게 한다.
    @ 잡은 물고기는 강물이나 바다에 쏟아 붓는다.